丛书编委会

大家精要

傅斯年

程方　马亮宽　著

Fu Sinian

陕西师范大学出版总社

图书代号 SK16N1476

图书在版编目（CIP）数据

傅斯年/程方，马亮宽著. —西安：陕西师范大学出版总社
有限公司，2017.5（2024.1重印）
　　（大家精要）
　　ISBN 978-7-5613-8830-3

　　Ⅰ.①傅…　Ⅱ.①程…②马…　Ⅲ.①傅斯年（1896—1950）—
传记　Ⅳ.①K825.46

　　中国版本图书馆CIP数据核字（2017）第064950号

傅斯年　FU SINIAN

程　方　马亮宽　著

责任编辑	宋媛媛	
责任校对	陈柳冬雪	
特约编辑	仲济云	
封面设计	张潇伊	
出版发行	陕西师范大学出版总社	
	（西安市长安南路199号　邮编710062）	
网　　址	http://www.snupg.com	
印　　制	永清县晔盛亚胶印有限公司	
开　　本	650 mm×930 mm　1/16	
印　　张	10	
字　　数	100千	
版　　次	2017年5月第1版	
印　　次	2024年1月第2次印刷	
书　　号	ISBN 978-7-5613-8830-3	
定　　价	45.00元	

读者购书、书店添货或发现印刷装订问题，请与本公司销售部联系、调换。

电话：（029）85303879　　传真：（029）85307864　85303629

目　录

第1章

家世与求学之路

　　傅斯年，字孟真，清光绪二十二年（1896）出生于山东聊城一个破落的书香世家。傅斯年在家乡生活了十三年，系统地接受了中国的传统教育。后在其父生前好友、学生的资助下，赴津求学，初步接受了新式中等教育。1913年，傅斯年以优异成绩考入北京大学，在北大新思想的震荡下，很快由传统文化的继承者转变为新文化的开拓者，由传统价值观念的卫道士转变为科学、民主、自由的积极鼓吹者。北大毕业后，傅斯年考取了山东省官费留学生，开始了长达六年的欧洲留学生活。早年的求学经历，使傅斯年学贯中西，识见广博，为他一生的志业奠定了坚实的基础。

一、家世与童年

鲁西望族

　　傅斯年的故乡聊城位于鲁西，早在汉代就已成为华北平原上的重镇，此后一直为华北平原地区的政治、经济、文化中心之一。明清时期，著名的京杭大运河穿聊城而过，因其北通京师、南连三吴的优越地理位置，逐渐成为全国著名的粮棉产区和纺织品贸易中心。一时间，天下豪商大贾云集，往来船舶络绎不绝；各地商人竞相在聊城内兴建会馆公所，开办商号、店铺、作坊，与当地工商业者所建交错布列，鳞次栉比，使聊城成为一座繁荣的工商业城市。在明清两代，聊城一直为黄河北部三大商埠之一，被史家誉为"漕挽之咽喉，天都之肘腋"。

发达的交通，繁荣的经济，孕育出昌盛的文化。明代中期以后，聊城及其周围各州县私塾遍布，书院林立，其特有的文化魅力吸引着四方鸿儒，数不清的文人骚客往返其间，游览观光，既传播了学术，交流了信息，又促进了儒学教育的普及和发展，陶冶了无数才华卓越之士，成就了众多官宦书香世家。据记载，明清两代录取东昌府进士二百九十人，状元三人，仅聊城县就有进士五十五人，状元二人。明清时期的聊城当之无愧地成为鲁西"八股文化"的中心。

傅家是聊城的名门望族。据傅氏族谱记载，傅斯年远祖名叫傅回，原籍江西吉安府永丰县（今江西省永丰县），明宪宗成化年间出任山东冠县县令。当时聊城为东昌府府治，冠县为其属县。傅回任满准备返回故乡，其夫人李氏不愿随行。傅回没有办法，便和四个儿子南归，留下三个儿子侍奉夫人。这三个儿子一人定居冠县，一人定居博平，另外一人名傅祥，定居聊城。

傅祥五传至傅以渐，终于振兴了傅氏门庭，奠定了傅氏名门望族的基础。傅以渐，字于磐，号星岩，生于明万历三十七年（1609），7岁入塾馆，曾师从于当时名儒孙兴，对义理之学造诣颇深。然而明朝末年宦官专权，政治腐败，科场舞弊成风，傅以渐直到35岁仍未考取功名。1644年，江山易姓，满洲贵族入主中原，建立清王朝。为了搜罗人才，笼络士人，第二年便迫不及待地举行了入关后的第一次科举考试。傅以渐投身科场，乡试中举，次年入京参加会试，得中贡士，殿试对策时被擢为一甲第一名，成为清王朝的第一位状元。授内弘文院修撰，后累次迁升，顺治十一年（1654）升为内秘书院大学士，次年加太子太保，改为内国史院大学士。顺治十五年，清仿明制改内三院（内弘文院、内国史院、内秘书院）为内阁，逐步确立三殿（保和、文华、武英）三阁（文渊、体仁、东阁）制，授傅以渐为武英殿大学士、兵部尚书职衔，成为名副其实的宰相。为示恩宠，顺治帝又封赠傅以渐的曾祖父傅谕、祖父傅天荣、父亲傅恩敬俱为光禄大夫、少保加太子太保、内翰林国史院大学士加一级的勋号。自此以后，聊城傅氏便荣冠当世，泽及后代，成为鲁西的名门望族。

傅以渐以后，傅氏成为典型的官宦世家，中举人、进士，为庠生、太学生的有一百多人，在朝为官和出任封疆大吏者几代不绝。傅以渐三传至傅继勋，字玉溪，号湘屏，是傅斯年的曾祖父，道光五年（1825）拔贡，官至安徽布政使，清末名臣李鸿章、丁宝桢都是他的门生。傅继勋有七个儿子，第三个儿子傅淦便是傅斯年的祖父。从傅淦开始，这一家族分支开始趋于衰落。

傅淦，字笠泉，生于道光二十五年，少负才名，博通经史，工诗书画，尤以书法知名，精通医道，且长于武技。他 17 岁时被选为拔贡，但从此绝意仕途，终生不参加科举。傅淦重孝悌，分家时将祖上的楼房全部让给了兄弟，自己只要了一座马厩。他的妻子是山东潍县陈阡的女儿陈梅。陈阡时任江西巡抚，给女儿的嫁妆很丰厚，但傅淦不善理家，又轻财好施，不久便典当一空，一贫如洗。从富贵之家一下子跌落到社会最底层的傅淦，只能靠教塾馆挣钱养家糊口，或靠卖字画贴补家用。

傅斯年的父亲傅旭安，字佰隽，号晓麓，生于同治五年（1866）。傅旭安自幼勤学好问，光绪二十年（1894）乡试中举，因家庭经济窘迫，遂出任山东东平龙山书院山长，靠其束脩养家糊口。傅旭安知识渊博，对学生教诲有方，而且极力扶掖生活贫苦的学生，使其不因家贫而辍学，因此得到学生们的普遍尊敬，也得到社会的广泛赞誉。

傅斯年就是在这样的家庭环境中成长、学习的。家境的贫寒在傅斯年幼小的心灵上烙下了深深的烙印，使他养成了关心、同情社会下层的品德；同时，也激励着这个聪明、要强的少年奋发读书，终成一代学术大师。

家学与家教

胡适曾在给别人的信中说："中国的旧式教育既不能教人做事的能力，更不能教人做人的道德……做人的本领不全是学校教员能教给学生的，它的来源最广，从母亲、奶妈、仆役……到整个社会——当然也包括学校——都是训练做人的场所。在那个广大的'做人训练所'里，家庭占的成分最大，因为'三岁定八十'是不磨的名言。"在傅斯年的童年时代，对他影响最大的是其祖父和母亲。

傅淦平生性情友善，重孝悌，乐善好施且极富正气，是当时士大夫阶层的一个典型代表。傅淦晚年曾因生活窘迫不得不出外谋职以养家。此时，曾是其父傅继勋门生的李鸿章任直隶总督兼北洋通商事务大臣，了解到傅淦家的实际困难，来信让傅淦去天津一趟，打算为其谋个差事。傅淦接信后考虑再三，最终赴津一行。他到天津去督署见李鸿章时，适值李鸿章有紧急公务。李鸿章安排他住进安徽会馆，准备处理完公务后，第二天同他面晤。傅淦甚不高兴，以为李鸿章慢待自己，便于次日一早不辞而别。李鸿章第二天去安徽会馆寻他不见，才知他已回山东，气得顿足叹气。由此可见傅淦性格孤傲、重气节的一面。据记载，傅淦自傅斯年出生就不再远出，以含饴弄孙为乐。由于傅斯年的父亲傅旭安早逝，"傅淦便直接做了孙子的老师"，对其学问督导甚严，由此打下了傅斯年坚实的国学基础。

傅斯年三四岁时，傅淦就开始教其识字，背《三字经》《百家姓》《千字文》等儿童启蒙读物。傅斯年同乡、同学聂湘溪曾介绍傅斯年祖孙二人生活情况说："孟真四岁即和其祖父同床共寝，每到破晓，尚未起床，便口授以历史故事，从盘古开天辟地，系统地讲到明朝，历时四年，一部二十四史就口授完毕，在他的幼小心灵里就埋下了研究历史的兴趣，其后能成为历史学家，委以历史研究所所长的职务而有成就，是与其家学渊源分不开的。"

由于良好的国学功底，在小学堂读书的日子里，傅斯年学习成绩始终都是最好的。据他儿时的同窗回忆，傅斯年的记忆力非常好，大家在一起读书，他读到哪里，就能背到哪里，过目不忘，被称为神童。在学生当中，朱笠升年龄最大，被称为"大学长"，但功课不是很好，一有问题就向傅斯年请教，时间久了，傅斯年便戏称他是自己的"大徒弟"。但对自己爱孙寄予厚望的傅淦总担心傅斯年入学堂学不到真学问，继续坚持在课余时间督导傅斯年学习儒家经典。傅斯年天资聪颖，博闻强记，在 11 岁时已读完了十三经，并且大部分章节能够背诵。

傅淦对傅斯年早年的教诲，对其一生影响颇深。除了传统知识的灌输，傅淦也把传统的伦理观念、文人气节及做人的道理传给了他。傅斯年成年后经常对其弟弟傅斯岩说："祖父生前所教我们兄弟的，尽是忠孝节义，从未灌输丝毫不洁不正的思想。我兄弟得有今日，都是祖父所赐。"傅斯年一生坚持参政而不从政，为人常怀侠义之心，率直而有豪气等人品与作风都深受其祖父影响。

光绪三十年（1904），傅旭安病殁于任所，终年39岁。傅斯年时年7岁，其弟傅斯岩不满1岁。傅旭安的去世，使其一家失去了支柱，也断绝了生活来源。傅旭安的夫人李氏顾不上悲伤，便挑起了全家的重担。

李夫人闺名叔音，聊城城西南郊贺家海人，贤孝识大体。丈夫过世后，李夫人既要奉养年事已高的公婆，又要抚育年幼的双子，其艰辛可想而知。好在傅旭安生前为人仁厚，对朋友、学生待之以诚，他去世后，朋友、学生对傅家极为关心。他们共同凑了一些钱，托其两个学生周祖澜、范玉波代存生息，维持傅家生计。弟子们感念老师恩德，每年春节前都会派一个代表来聊城，给师母送来一些春节所需食物用品，并在聊城的商号里为傅家存一些银两贴补来年家用。李夫人一家五口，没有其他生活来源，只能坐吃山空，尽管她精打细算，百般节省，生活仍日益窘迫，难以维持。有时万不得已，李夫人便从颓垣断壁中拆一些砖瓦变卖，以解燃眉之急。整个家庭的经济状况江河日下，一天不如一天。到了后来，房屋破旧损坏，也没钱修补。一到下雨的时候，李夫人便抱着幼子，头上撑着一把雨伞遮盖。即使是在这样的家境下，李夫人仍严格督促傅斯年兄弟二人读书，无论如何困难自己也一力承担，绝不使兄弟二人失学，并母兼父职，督责甚严，兄弟二人如有过错，马上就会受到责罚。傅斯年一生都很敬畏母亲，即使成名以后，李夫人一旦发怒，傅斯年便长跪不起，等到母亲怒气渐消后，他才温言劝说解释。

二、京津求学

天津求学

光绪三十四年（1908），傅斯年离开聊城去天津求学。此次天津之行可视为傅斯年人生的一次转折，这次转折在很大程度上改变了他学业与人生发展的方向。

傅斯年得以赴天津求学，受益于其父亲傅旭安早年结下的一段善缘。傅旭安出任东平龙山书院山长前，有一次在聊城街上闲走，跨进一家商店。商店冷冷清清，顾客很少，一个眉清目秀的学徒正在聚精会神地看书。通过攀谈，他得知此人叫侯延墥，是东平县大羊村人，因为家境贫寒不得不辍学，奉后母之命来聊城这家商店当学徒，由于酷爱读书，经常利用一切空余时间刻苦自学。傅旭安对侯延墥的遭遇深表同情，对他矢志苦学的精神颇为感佩，从此经常在学业上给予关心和帮助。光绪二十五年，傅旭安出任龙山书院山长时，便让侯延墥辞去商店差使，随自己到龙山书院读书，一切费用由自己负责解决。在傅旭安的严格督导下，侯延墥学业进步很快。三年后，适逢光绪二十八年乡试，侯延墥一举中举；次年赴京会试，又中进士；经过朝考，被清廷授予刑部主事。侯延墥重情义，对恩师的提携之恩铭记在心。他第一次回乡省亲，专去龙山书院拜谒恩师，才得知傅旭安已经去世，于是他又奔赴聊城看望师母，并亲到恩师墓前祭拜。他在傅旭安墓前发誓，以培养恩师的两位公子为己任，决心把斯年、斯岩兄弟二人培养成才，以报恩师当年知遇之情。

侯延墥比傅斯年大二十五岁，视傅斯年为子弟。在与傅斯年交谈中，侯延墥发现傅斯年不仅天资甚高，记忆力强，而且已经读了许多书，国学已有了功底，是一个可堪造就的少年。当时正值新学潮大兴之时，而聊城因运河的衰落已经走完了辉煌的历程，僻处鲁西一隅，与外界接触几乎中断。侯延塽认为傅斯年如长期待在家乡，接触不到新事物，学不到新知识，便有可能耽误学业，影响前程，于是侯延塽产生了带傅斯年去大城市读书的念头。

不久，他返京路过天津，同几位朋友——天津《大公报》的经理英敛之、傅淦的学生孔繁淦等人谈到傅斯年的情况，并把傅斯年写的几篇文章拿出来让几位朋友传阅。大家都很赏识傅斯年的才华，力劝侯延塽带傅斯年到天津接受新式教育，并愿意提供方便。于是，侯延塽又从天津返回聊城，向傅斯年的祖父和母亲说明自己的想法和几位朋友的意见。傅淦等人经过商议，接受了侯延塽的建议。

有机会到大城市求学，接受新式教育，对求知欲极强的傅斯年来说，自是兴奋异常。光绪三十四年冬到达天津后，因学校尚不到招生时间，傅斯年便暂时住在英敛之家里补习功课，生活费用由侯延塽负担，不足时，其父生前好友吴树堂等人给予接济。次年春，傅斯年考入天津府立第一中学堂后，便搬到学校住宿，开始了真正的独立生活。傅斯年在天津四年半的求学时间里，系统地接受了近代新式中等教育，对数学、物理、化学、生物等自然科学知识有了一定的了解，扩展了知识视野，为后来的深造打下了良好的基础。

节假日，傅斯年经常到英敛之家做客。英敛之，满族正红旗人，早年加入天主教，长期与洋人、传教士接触，思想比较开明，与许多具有进步思想的维新派人物，如严复、张謇、梁启超等过从甚密，支持和同情维新运动。光绪二十八年六月，英敛之创办《大公报》并任经理，渐入社会上流。英敛之非常喜欢傅斯年。每次见面，14岁的傅斯年像个小大人似的和英敛之谈论中外时局或经史文章，英敛之感觉到眼前的这个孩子非同一般，见解精辟，眼光独到，看问题深刻而老成。同许多关心、爱护傅斯年的师长们一样，英敛之对他寄予了厚望。英敛之的夫人爱新觉罗·淑仲出身皇族，为人随和，毫无贵妇人的架子，也非常喜欢傅斯年这个聪明懂事的孩子。她和丈夫一样，也是虔诚的天主教徒，经常给傅斯年讲天主教义，星期天带着他到教堂做礼拜。在英夫人的影响下，傅斯年一生虽未入教，但对教会人士印象不错，并在自己的能力范围内给予帮助，这与他早年结识教会人士有直接的关系。

傅斯年在天津读书期间受英敛之夫妇的影响是短暂的，而对其影响最大的还是侯延塽。侯延塽不仅在经济上全力支持傅斯年，而且在政治、教育等多方面一直关心着傅斯年。侯延塽虽然是清末进士和官僚，但其思想并不保守，他接受了资产阶级的维新和革命思想，不断追求进步，与梁启超等人关系密切，对国家形势和社会发展趋向有着较为深刻的认识。傅斯年在天津求学期间，侯延塽经常写信给他，有机会路过天津一定停留，开导和劝诱他，教诲他要多学新知识，关心国家和社会。傅斯年对侯延塽经济上的支持和政治上的关心终生感念不已，他成年后曾对人感慨万端地说："我家非侯公无以有今日。"的确，侯延塽在傅斯年人生攀登的道路上为之构架了一个阶梯，使之在天津得以系统地接受新式教育，所学课程基本是科学基础知识，特别是能有机会阅读在家乡根本无法接触到的书籍和报刊，大大开拓了其知识视野，为其进一步求学深造打下了良好的根基。

傅斯年无论是在天津、北京大学读书，还是出国留学、归国工作，侯延塽都给予了傅斯年无微不至的关心和帮助，傅斯年也始终以父执事之。侯延塽晚年定居济南从事公共慈善事业，傅斯年经常前去探望。抗日战争期间，侯延塽因老病留在济南，傅斯年寄钱接济，奉养终老。侯延塽与傅斯年父子两代的关系是中国传统仁义道德文化培育的典型范例，具有深远的影响。

北大熔铸

1913 年夏，傅斯年从天津府立中学堂毕业，以优异的成绩考入了北京大学预科。当时，北京大学的学制分为预科、本科和大学院三个级别。预科为三年，分甲乙两部，甲部重理，乙部重文。傅斯年国学根基扎实，且有志于文史研究，便欣然选择了乙部。

北京大学预科与本科当时在课程设置上并不衔接，有相对独立性，预科的前身是同文馆和译学馆，特别重视外语，要求在很短的时间内能看外文原著。傅斯年尽管在天津读书时已经开始学外语，打下了一定的基础，但要在短期内精通，做到流畅、不费力地阅读外文原著，仍有相当大的压力，再加上其他的功课，这使傅斯年必须努力学习，适应新环境，接受新知识。傅斯年一如既往，刻苦学习。同时，北大这个全国最高学府也为这个求知若渴的少年提供了良好的外部条件。北大丰富的图书资料、相对优良的学习条件刺激着傅斯年努力拼搏，他在知识的海洋里自由游弋。由于他基础扎实，学习又特别勤奋，因此成绩一直很好，每次考试，总为乙部的第一名。他的同学毛子水回忆说："傅先生入乙部，虽身体羸弱，时常闹病，但成绩仍是全部的第一。就我现在所记到而言，当时全校学生中，似乎没有比他天资更好的。"

1916 年暑假，傅斯年预科毕业，升入北京大学文科国学门，即后来的北京大学文学院中国文学系。傅斯年之所以选择这个专业，主要是出于他对传统国学的热爱，想以此作为自己的托身之所，毕生努力探索研究。傅斯年的同学毛子水记述说：他那时的志愿，实在是要通当时所谓"国学"的全体，唯以语言文字为读一切书的门径，所以托身中国文学系……当时北京大学文史科学生读书的风气，受章太炎先生学说的影响很大。傅先生最初亦是崇信章氏的一人。

傅斯年对章氏的崇信情结可以追溯到在北大读预科时。袁世凯窃取了辛亥革命的胜利果实后，醉心于复辟称帝，大力提倡尊孔读经。在这一反动思想的指导和影响下，"孔教会""尊孔会"等组织如雨后毒菇一样纷纷冒出来，尊孔复古的逆流像瘟疫一般在全国蔓延。章太炎对此痛心疾首，公开指斥那些主张"以孔教为国教"的人是别有用心，甚至亲自跑到总统府门口，大骂袁世凯包藏祸心。章太炎的这一行动大受傅斯年尊崇，而当时对章氏的学问更是心悦诚服。章太炎师从俞樾，与戴震、王念孙等古文经学大师一脉相承，对儒学经典主张"实事求是"，以文字为基点，从训诂、音韵、典章制度等方面阐释儒家经典和先秦诸子，从文字语言所留存的"痕迹"中去寻找"无形大史"，即要"将经当历史看"，也就是章学诚提出来的"六经皆史"，经书即史书。章氏的这些见解和治学方法对傅斯年影响极大，以至若干年后，在他的史学理论和研究方法中还能看到章太炎的影子。

这个时期，北大文科章太炎学派力量颇盛，其得意门生如刘师培、黄侃、朱希祖、马裕藻等一大批国学大师也都在该校执教。有了这样良好的外部条件，再加上自己对章氏的尊崇和对国学的热爱，傅斯年便自然把国学门作为首选。

傅斯年升本科初期，努力攻读古文经学，尤其深入学习章太炎的著作，他的一位同学伍淑就见过他的桌子上常放着几本《检论》，上面都作了认真的批点。《检论》是章太炎当时刚出版的一部力作。1914年，章太炎因反对袁世凯称帝，被软禁在北京，因"感事既多"，便把早年的代表作《訄书》加以增删，更名为《检论》，全书共九卷，1915年出版。傅斯年购得此书，随时带在身边阅读，且读得特别认真，重点地方用红笔标出，自己有心得体会便用红笔批点，可见傅斯年对章太炎学说的重视。

傅斯年少年时期对儒家经典已有相当深厚的功底，许多经典章节已能背诵，在大学预科又对儒家经典及其注解进行系统学习，升入本科后对章太炎《检论》等这类专著又进行了认真的学习，所以他对传统经学的研习已经有相当深的造诣。

有一件事很能反映出傅斯年的国学功力。据罗家伦回忆，就在当时的北大，有一位朱蓬仙教授，也是太炎弟子，可是所教的《文心雕龙》却非所长，在教室里不免出了好些错误，可是要举发这些错误，学生的笔记终究难以为凭。恰好有一位姓张的同学借到那部朱教授的讲义全稿，交给孟真。孟真一夜看完，摘出三十几条错误，由全班签名上书校长蔡先生，请求补教书中附列这错误的三十几条。蔡先生自己对于这问题是内行，看了自然明白，可是他不信这是由学生们自己发觉的，并且似乎要预防教授们互相攻讦之风，于是突然召见签名的全班学生。那时候同学们也慌了，害怕蔡先生要考，又怕孟真一人担负这个责任，未免太重，于是大家在见蔡先生之前，每人分任几条，预备好了，方才进去。果然蔡先生当面口试起来了，分担的人回答得头头是道。考完之后，蔡先生一声不响，学生们也一声不响，一鞠躬鱼贯退出。到了适当的时候，这门功课重新调整了。

傅斯年能在一夜之间看完一份讲义全稿,从中摘出三十多处错误,说明他对原文十分熟悉,不但一般学生做不到,就是专门学者也没有几人能达到如此水平,这也就无怪乎蔡元培怀疑是别的教授在背后捣鬼了。傅斯年的才华为他在同学中赢得了极高的荣誉,有的同学竟称他是"孔子以后的第一人",这虽然有些夸张,但也反映出傅斯年的确是才华出众,受到学生敬仰。

傅斯年深厚的国学功底,尤其对章氏之学的信从,引起一些太炎弟子的重视,刘师培、黄侃等人都抱着老儒传经的观念,希望傅斯年能够继承仪征学统和章太炎学说,做他们的衣钵传人,使当时的古文经学后继有人,并将其发扬光大。傅斯年初期也想在国学研究方面有所成就,入本科不久,便成为黄侃的得意门生。傅斯年在装束上也模仿其师,常穿大袍褂,拿一把大葵扇,俨然一个地道的儒生。

创办新潮社

1915 年 9 月,陈独秀在上海创办并出版了《青年》杂志,竖起"民主"和"科学"两面大旗,提倡新文化,鼓吹新思想。1916 年 9 月,陈独秀应读者之望,将《青年》更名为《新青年》,其影响日益扩大。

1917 年 1 月,蔡元培出任北京大学校长,提出了"思想自由,兼容并包"的主张。为了打破北京大学旧有沉重的暮气,蔡元培积极引用具有新思想的知识分子到北大任教,培养学术研究气氛。他到任不到十天,便聘陈独秀到北大任文科学长,并把当时开一代新风的《新青年》杂志也迁到北京大学。从此,北大成了新文化、新思想的大本营和策源地。在这样的环境熏染下,傅斯年毅然摆脱了旧学术的羁绊,义无反顾地投身到新文化运动的大潮中。

影响傅斯年从传统国学向新文化阵营转向的直接引领者是胡适。胡适，字适之，安徽绩溪人，生于光绪十七年（1891），比傅斯年大五岁，早年接受了严格的传统教育。1901年赴美留学，先入康奈尔大学，后入哥伦比亚大学，主要学习哲学，深受杜威实验主义哲学影响。1917年回国后，执教于北京大学。傅斯年和罗家伦等人起初旁听胡适的课，后来又经常于课后去胡适家请教问题，与胡适关系日趋密切。当时胡适仅26岁，家眷又不在北京，为人和气，没有架子，和青年学生共同语言甚多。起初，傅斯年、罗家伦等人"客客气气的请教受益"。时间一长，相互熟悉了，师生之间的隔阂消失，胡适的家便成为这批青年"讨论争辩肆言无忌的地方"。在交往中，胡适关于思想解放，批判传统学风，提倡民主、科学的思想给傅斯年以积极而深刻的影响。

另外，傅斯年开始从传统国学的樊笼中挣脱，还得益于阅读西方书籍。北大预科重视外语，傅斯年经过三年的认真学习，外语程度有了很大提高，已经开始阅读外文原版书，从中汲取新知识。罗家伦在记述他们如饥似渴阅读外文书时的情况说：我们在办《新潮》以前和办《新潮》的时候，有一件共同的嗜好，就是看外国书。因为第一次大战时外汇非常便宜，所以我们每人每月都向日本丸善株式会社买几本新书，而丸善又非常内行，知道我们的胃口，于是凡是新到了这类书，常常用"代金引便"（即向邮局付款提书）的办法寄来，弄到我们几个手上零用钱都被他吸光了，有时眼见要看的书到了而无钱去取，只得唉声叹气。我们常是交换书看，因此增加了许多共同的兴趣和见解。

到了1918年秋，新文化运动的熊熊烈火已成燎原之势，而宣传的阵地却始终只有《新青年》一种。在这种背景下，傅斯年等人把办杂志提上日程。资金没有着落，于是由徐彦之出面与当时的文科学长陈独秀交涉，希望学校能帮他们解决经费问题。然而陈独秀有所顾忌，当时新旧两派壁垒森严，对峙很严峻。陈独秀知道傅斯年是黄侃教授的得意门生，而黄侃是反对新文学最用力的，因此怀疑傅斯年是黄侃派来搞破坏的，迟迟不予答复。他在《新青年》的编辑部对同人说："这'黄门侍郎'傅斯年，可不是细作么？我们不能接纳他，不能理他！"不得已，他们只好求助于恩师兼益友的胡适，由胡适出面向陈独秀作了解释和担保，资金问题才算有了着落。陈独秀呈请蔡元培校长批准，每月从北京大学经费中拨给他们两千元作为办刊经费。经费问题解决后，这些朝气蓬勃的年轻人便着手办理具体事宜了。傅斯年和罗家伦、康白情、徐彦之等人经过酝酿和讨论，于是约集了二十多名志同道合的同学，创办了新潮社。

　　1918年10月13日，傅斯年等人召开了第一次筹备会议，他们首先提出了所要创办刊物的性质，即要有"批评的精神""科学的主义""革新的文辞"。并商定了刊物的名称，中文名称叫"新潮"，同时还有一个英文名称叫"The Renaissance"，以比于欧洲的文艺复兴。11月19日，他们召开了第二次筹备会议，推举傅斯年、罗家伦、杨振声、徐彦之、康白情、俞平伯为新潮社首届职员，傅斯年任主任编辑。在《新潮》的创办过程中，陈独秀、李大钊、胡适等师长给予了大力支持。李大钊当时兼任图书馆馆长，特意从图书馆腾出一间房子作为《新潮》的编辑办公室。李辛白帮助他们把印刷及发行等有关事宜办妥，胡适担任了新潮社的顾问。12月3日，《北京大学日刊》刊登了《新潮》杂志社启事。启事说："同人等集合同趣组成一月刊杂志，定名曰《新潮》，专以介绍西洋近代思潮，批评中国现代学术上社会上各问题为职司。不取庸言，不为无主义之文辞，成立方始，切待匡正，同学诸君如肯赐以指教，最为欢迎！"还公布了首批社员名单及组织章程。

1919 年 1 月，第一卷第一号正式面世。傅斯年在《新潮》创刊号上发表了《〈新潮〉发刊旨趣书》一文，把《新潮》杂志的办刊宗旨概括为：用白话文写作，发扬人性的文学，反对反人性的文学；主张学术自由；提倡民主，反对专制；主张妇女解放，反对社会陋习和封建家族制度，强调民族独立和自决等。傅斯年在宗旨中表达了自己的志愿，即以大学为策源地，介绍、宣传世界先进文化，用十年的时间，转移人心和社会风气，促进社会的健康发展。他紧接着阐述了《新潮》杂志的四种社会责任：唤起国人对于本国学术的自觉心；鼓励群众对于学术的兴趣爱好；指出社会生活的意义以及改造社会方略；研讨修学立身之方法和途径。

《新潮》杂志一面世，广大学生便踊跃投稿，傅斯年也是其中最积极的参与者。他在《新潮》上发表了数十篇文章，内容涉及文学语言、社会政治、道德伦理、哲学历史等领域，对封建的思想、伦理、道德进行了坚决的揭露与批判，对西方的思想与文化作了大量的介绍。广大学生的参与和宣传使《新潮》在社会上影响极大，第一期一面世便被抢购一空，以至重印到第三版，销售了一万三千多册。以后几期的销售也都在一万五千册左右。顾颉刚后来回忆说："《新潮》出版后，销路很广，在南方的乡间都可看到。"这对民众的思想解放起到了很好的宣传作用，时人美誉它是《新青年》的卫星。

"五四" 游行总指挥

正当傅斯年主编《新潮》杂志，积极撰写文章鼓吹"民主"与"科学",宣扬新文化,抨击旧传统、旧道德,向传统社会意识猛烈攻击的时候,国际、国内形势发生了激变,由此而引发了"五四"运动,把埋头写文章、编稿子的傅斯年拉入社会,由文化批判转变到社会批判方面。

1919年,第一次世界大战的战胜国在法国巴黎举行会议,中国北洋政府作为战胜国参加了会议。会上,中国代表提出废除外国在中国的势力范围、撤退外国在中国的军队和取消"二十一条"等正义要求,但帝国主义列强却无视中国的正义要求,反而把德国在中国的权益转让给了日本,而中国的代表竟然同意在丧权辱国的和约上签字,这激起了中国人民的极大愤怒。

5月1日,中国在巴黎和会上外交失败的消息传到国内,北洋政府外交委员会委员长汪大燮把此消息告诉了蔡元培。第二天,蔡元培在北京大学西斋大饭厅召集学生代表一百多人开会,讲述了巴黎和会上帝国主义相互勾结,牺牲中国权益的情况,指出这是国家存亡的关键时刻,号召大家奋起救国。同学们听了蔡元培的讲话都非常激动。傅斯年本来就具有强烈的爱国思想,又是山东籍的学生,想到自己饱受苦难的家乡父老又要遭受日本帝国主义的蹂躏,比其他同学更为激愤。

5月3日晚上,学生会在法科大礼堂举行了一千多人的集会,并邀请了北京十二所学校代表参加。《京报》社长、北大新闻研究会讲师邵飘萍首先发表演说,他感情激昂地向学生代表报告了巴黎和会关于山东问题的决议、中国外交失败的经过和原因,又具体分析了山东问题的性质及当前的形势。最后,他大声疾呼:"现在民族危机系于一发,如果我们再缄默等待,民族就无从挽救而只有沦亡了。北大是全国最高学府,应当挺身而出,把各校同学发动起来,救亡图存,奋起抗争。"会上,群情激愤,爱国学生们讨论了当前救国应采取的步骤:联合各界一致力争；通电巴黎和会专使，坚持和约上不签字；通电全国各省市于5月7日国耻纪念日举行群众游行示威活动；定于5月4日（星期天）齐集天安门举行学界大示威。为了第二天的游行示威能够顺利进行，大会推举了二十名学生代表负责组织工作。傅斯年由于在同学中间素有威望，被同学们推举为代表和游行总指挥。当晚，傅斯年等人彻夜未眠，赶做了百余面旗帜供游行队伍使用。

5月4日上午十点，傅斯年与被推举出来的十三校学生代表在堂子胡同国立法政专门学校再次召开会议，商讨在天安门前集会及示威游行的路线诸事宜，最后与会代表达成共识：各校代表立刻回校集合学生，下午一点在天安门会合，然后整队去东交民巷游行，向各国使馆示威，抗议帝国主义在巴黎和约上关于山东问题的不公正规定。

在傅斯年的率领下，北京各校学生三千余名集合在天安门前，发表讲演，高喊"誓死力争，还我青岛""收回山东权利""拒绝在巴黎和约上签字""废除二十一条""抵制日货""外争国权，内惩国贼"等口号，并要求严惩交通总长曹汝霖、币制局总裁陆宗舆、驻日公使章宗祥。按预定计划，学生队伍游行至东交民巷受阻后，群情激愤，便直奔曹汝霖的住宅——赵家楼，误把来曹宅做客的章宗祥当成曹汝霖痛打了一顿，并火烧了曹宅。

曹汝霖宅子起火后，警察总监吴炳湘和步兵统领李长泰匆忙赶到，在现场逮捕了三十二名学生。第二天，许多学生要求扩大游行示威的规模并酝酿更加激烈的行动。傅斯年并不太支持，主张把精力主要放在营救学生方面，与一位名叫胡霹雳的同学发生了激烈的争辩，最后两人动手打了起来。胡霹雳还打坏了傅斯年的眼镜，傅斯年一怒之下，发誓不再过问学生会的事。从此，傅斯年不再投身运动的领导与指挥，而是退居第二线，在以后的几个月里，一直处于对运动的观察、思考与总结的状态。

三、留学欧洲

伦敦求学

1919 年秋季，山东省教育厅招考本省籍的官费留学生，傅斯年赴省会济南应考，成绩优秀，被录取为山东省官费留学生。次年 1 月，傅斯年与同学俞平伯等人在上海辞别前来送行的好友，登上了驶往英国的轮船。经过一个多月的海上航行，傅斯年于 2 月底到达英国利物浦，先入爱丁堡大学后转入伦敦大学。

在伦敦大学求学期间，傅斯年本着"贪多务得，细大不捐"的心态，务求通博结合，触类旁通，建立自己的知识体系。在大学时，他对许多学科领域已有所了解，受新文化的影响，希望再用国外先进的科学知识充实自己。期间傅斯年已经阅读了部分外文原版著作，但受环境和经济条件的限制，他对西方各类学科的知识还只是初步的了解。到了西方以后，眼界开阔了，许多知识都急需充实。于是他进入伦敦大学研究院，师从史培曼教授研究实验心理学，同时选修了物理学、化学和数学等自然科学的课程。1920 年 8 月，傅斯年写信给胡适，叙说了自己的学习情况和思想变化。信中说：

> 我到伦敦后，于 University College（大学学院）听讲一学期，现在已入暑假，以后当专致力于心理学，以此修身，倒也有趣……我的本意，想入理科第一学年，史培曼不劝我这样，所以现在一面做

Postgraduatework（研究生功课），一面再于 Under－graduate（大学本科）之科目中选些听讲。近中温习化学、物理学、数学等，兴味很浓，回想在北大六年，一误于预科一部，再误于文科国文门，言之可叹。此后学心理学大约偏于 Biological（生物学的）一派与讲 Freudvan Psycho-analysis（弗洛伊德精神分析学）之一派。

傅斯年除努力学习实验心理学和选修自然科学的课程外，对英国的文学、史学、政治学等也表现出相当的兴趣。因为有志于改造"中国旧剧"，傅斯年学习之余便挤出一些时间看歌剧、读小说，尤其是萧伯纳的剧作品，他几乎每本都读过。在伦敦时，他还曾帮助英国学者威尔斯（H. G. Wells）撰写了《世界通史》（*The Outline of History*）中有关中国古代历史的部分。该书于 1920 年出版，十分畅销。除此之外，还在北京《晨报》上发表了诸如《英伦游记》《留学英国最先要知道的事》之类的文章，向国内的读者介绍英国的风俗人情、留学知识等。

在伦敦留学期间，由于同学俞平伯不习惯异国他乡的生活而回国，傅斯年暂时失去了交流的知音。不过仅隔月余，刘半农偕妻女到达英国伦敦大学留学，昔日的师生成了亲密的同学。应该说，傅斯年在精神上并不寂寞。

傅斯年和刘半农相识于 1917 年的北大。当时，刘半农教预科生，傅斯年已是本科生。虽然如此，傅斯年对刘半农仍执弟子礼，在学业上请他指导；刘半农也以老师自居，认真负责地对傅斯年给予帮助，二人关系较为密切。后来交往久了，师生的界线越来越淡，二人竟成了志同道合的朋友。1920 年 2 月，也就是在傅斯年出国不到两个月的时候，刘半农也取得了出国留学的名额，踏上了去伦敦大学读书的旅途。在求学的方向上，傅斯年与刘半农有所不同。傅斯年广收博采，贪多务得，刘半农则只对语言学情有独钟。傅斯年对语言学也有自己的思考和独到的见解，二人经常在一起讨论。刘半农常把自己的收获和心得说给傅斯年听，请傅斯年一起分享自己的喜悦，有困惑、不解时，也常找傅斯年探讨。傅斯年也总是十分坦率地把自己的看法、想法说出来，遇到意见不合，二人经常激烈地辩论，甚至争吵。但这种辩论和争吵丝毫没有影响彼此的感情，反而因此增进了他们之间的友谊。可惜好景不长，刘半农转入法国巴黎大学学习，傅斯年也由英赴德继续深造。

柏林大学会诸贤

1923 年 9 月，傅斯年离开伦敦大学，来到德国柏林大学继续留学。傅斯年之所以由英赴德，主要有两个因素。一是受柏林大学文化氛围与学术空气的影响。当时柏林大学有几种在世界很有影响的学科，其中最有代表性的是物理学和语言文字比较考据学。物理学方面如爱因斯坦的相对论、勃朗克的量子论，当时都是轰动一时的学说；语言文字比较考据学是柏林大学传统的、久负盛名的学科。二是受柏林的朋友们如陈寅恪、俞大维等人的影响。当时柏林大学的中国留学生甚多，其中许多是傅斯年的同学好友。

傅斯年到柏林大学后，入文学院学习。除一面听相对论，一面听比较语言学外，为了探求学术研究的方法，还选学了经济学等课程，甚至有一段时间曾致力于地质学的研究。

傅斯年求学的时代正值中国多灾多难之时，这激励了一代知识分子奋发努力，为挽救民族危亡而奋斗的志向。正如后人所述：他们在学业上互相帮助，在生活上互相关心，共同进步。傅斯年在学业上的进步，与这批人的影响和互相砥砺密切相关。傅斯年到柏林大学不久，何思源、罗家伦、毛子水等老同学也到了柏林大学。傅斯年与这些同年好友朝夕问学，互相切磋，既提高了见识，又增进了友谊，其中傅斯年与许多人保持了终生的友谊，其与陈寅恪、俞大维、何思源等就是如此。

陈寅恪生于1890年，和傅斯年一样，出身于书香世家。其祖父陈宝箴，清末官至湖南巡抚，因支持戊戌变法，推行新政，被慈禧太后革职。其父陈三立，晚年号散原老人，是清末四公子之一，为晚清著名诗人。陈寅恪自幼接受了严格的传统教育，6岁开始在家塾中读书识字，系统学习了儒家经典和诸子之学。他对十三经不但大部分能背诵，而且对每字必求正解，国学功底深厚。13岁那年，陈寅恪随从长兄、著名画家陈衡恪去日本留学，后来一度回国，进一步广泛涉猎中国传统书籍。以后又留学美、英、德等国，精通几十种文字，除近世重要文字外，还有希腊、拉丁、梵文、巴利文、中波斯文、突厥文、满文、蒙文、藏文等，供他参考运用的总计不止十六七种。在德国留学期间，陈寅恪经常和傅斯年、赵元任等利用吃饭的时候或晚上互相讨论，切磋学问。赵元任夫人杨步伟曾回忆说，他们1924年5月从美国到了柏林，会见了一大批旧识新知，给她印象最深的就是陈寅恪和傅斯年。那时在德国的中国留学生大多数耽于玩乐，只有他们两个是"宁国府门前的一对石狮子"，从不和其他学生一样疯玩，只知埋头苦学。陈寅恪的学问博大精深，是傅斯年佩服的极少数人之一。傅斯年留学期间受陈寅恪的启发和帮助很大，回国后他们始终保持着深厚的友谊。

俞大维，浙江人，出身于书香世家。其父俞明颐，曾任湖南陆军小学总办。俞大维的母亲曾广珊是曾国藩的孙女，舅父曾广钧是翰林。俞大维与陈寅恪是姻亲，俞大维的姑母俞明诗是陈寅恪的母亲，其妻子陈新午又是陈寅恪的妹妹。两人的父祖都是好友，所以俞大维在谈陈寅恪时，说他们是三代世交、两代姻亲、七年同学。他们曾在美国共同留学三年，又在柏林大学同学四年。

俞大维16岁进上海复旦中学，跳级毕业。18岁入复旦大学预科，1918年至哈佛大学读哲学，三年后拿到博士学位，十二门课全是A，获得 Sheldon Travel Grant（谢尔顿旅行奖学金）前往德国柏林大学留学。在德国留学期间，俞大维也是兼收并蓄，广泛涉猎，求博求通。对数学、数理逻辑、西洋古典学术、历史、法理、音乐、弹道学等都有广泛涉猎，主攻康德的"纯粹理性批判"和爱因斯坦的"相对论"。

俞大维原先也侧重学习文史，自从与傅斯年交往后，深感功底不如傅斯年，才改学了自然科学。他曾对别人说："搞文史的人当中出了个傅胖子，我们便永远没有出头之日了！"于是弃文学理，最后成为著名的弹道专家。1925年，俞大维的一篇论文刊载在美国最著名的数学杂志《Mathematische Annalen》上。据后人记载，多少年来，在美国这个权威的数学刊物上只发表过两篇中国人写的论文，其中第一篇便是俞大维的，另一篇是多年以后华罗庚的。可见俞大维的学术研究也是有独到之处的。

傅斯年对俞大维也很佩服。傅斯年到德国柏林大学不久，他在北京大学时的同学好友毛子水也到德国留学，见面后傅斯年向他介绍在德国留学的中国学生的情况时说："在柏林有两位中国留学生是我国最有希望的读书种子，一是陈寅恪，一是俞大维。"敬佩之情溢于言表。傅斯年与陈寅恪、俞大维在学业上互相切磋，在生活上互相照顾，保持了终生的友谊。回国后，俞大维将幼妹俞大彩介绍给傅斯年，两人于1934年在北平结婚，傅斯年与俞大维成为郎舅之亲，关系更为密切。

除陈寅恪和俞大维外，在柏林大学和傅斯年朝夕问学的还有何思源。何思源，字仙槎，山东菏泽人。几乎与傅斯年同样，出身于没落的官僚家庭，靠自己努力和师友的经济资助，于1915年考入北大预科，学习哲学，1918年升入文科哲学门。傅斯年等人组织新潮社，何思源积极参与。二人既是同乡，又是同学，曾积极参加新文化运动和"五四"运动，志趣相同。在北大读书的四年里，何思源与傅斯年结下了深厚的友情。

1919年，两人同时考取山东官费留学生。何思源赴美国，先入芝加哥大学学习哲学，获哲学硕士学位，又入哥伦比亚大学学习政治学、经济学。1922年，受傅斯年、毛子水等在欧留学生的吸引，又赴德国柏林大学研究院，主要研究德国的传统学科政治经济学，考察德国的社会与政治，为撰写《国际经济政策》积累材料。何思源在德国两年多，与傅斯年相处一年多。他与傅斯年对德国人的认识有许多相似之处，两人的共识应该说是互相启发的结果。除了学术上的交流外，傅斯年与何思源在生活上也互相帮助。他们虽然都是官费留学生，但当时国内军阀混战，官费经常停寄。迫不得已，傅斯年有时只能买最廉价的干面包充饥，有时向境况略微好一点的陈寅恪借钱，除用于个人的生活费外，还把节约下来的钱，一镑两镑地借给何思源以解燃眉之急。

当时，在柏林的中国留学生聚集了一批精英。除了上面介绍的三位外，罗家伦、徐志摩、金岳霖、毛子水等人都是常和傅斯年砥志问学的同窗好友，尽管他们的学习专业、兴趣不尽相同，但为振兴中华学习的心志是一样的。就是这样的同学好友，学业上各有专攻，各有所长，经常在一起讨论问题，切磋学问，互相启发，互相吸收，对傅斯年兼收并蓄、求博求通的志趣有着重要影响。

第 2 章

创办史语所

1926 年冬，傅斯年从欧洲留学归国，受聘到中山大学任教。1928 年中央研究院建立，傅斯年受命组建历史语言研究所，以建立科学的历史学、语言学和考古学为己任，提出"要科学的东方学之正统在中国"的口号。在傅斯年的领导下，史语所同人同心同德，进行集众研究，在学术上作出许多重大的贡献，其中殷墟的发掘、山东龙山城子崖的考古、整理大内档案等等更是可圈可点，备受学界称道。

一、筹办史语所

1926 年，傅斯年启程回国，旋受聘出任中山大学文学院院长兼国文、历史两系主任。在中山大学期间，傅斯年创办了语言历史研究所，以实现自己"科学的东方学"的构想，然而因为一些人事关系，进展并不顺利。恰在此时，国民党政府筹备建立中央研究院，蔡元培出任院长，傅斯年极力游说蔡元培等人，最终确立了历史语言研究所在中央研究院中的一席之地。

1927 年 6 月，国民党中央执行委员会政治会议通过了蔡元培、李煜瀛、褚民谊等人关于成立中华民国大学院为全国最高学术教育行政机关的提议。7月，国民党政府颁布《中华民国大学院组织法》，明确规定大学院为"全国最高学术教育机关，承国民政府之命，管理全国学术及教育行政事宜"。大学院下设秘书处、教育行政处和中央研究院三个机构。10月，中华民国大学院成立，蔡元培任院长。根据大学院的组织条例，蔡元培聘请了中央研究院筹备委员三十余人，傅斯年为筹备委员之一。

11月20日，中央研究院筹备委员会召开成立大会，通过了《中央研究院组织大纲》，确定设立理化研究所、地质研究所、社会科学（社会学）研究所、观象台四个研究机构，待条件成熟后再陆续增设其他研究机构。从中央研究院的下属研究机构设置来看，它最初的研究方向偏重于自然科学方面。而傅斯年认为，现代的历史学、语言学与传统的学术有根本的区别，它使用的是科学方法，是与生物学、地质学等自然科学相同的手段，它与自然科学的差别，仅在于学科的分工不同。1928年1月，傅斯年向蔡元培陈述了历史学和语言学研究工作的重要性，建议在中央研究院中设立历史语言研究所。同年3月，中华民国大学院批准了傅斯年的提议，聘请傅斯年、顾颉刚、杨振声为中央研究院历史语言研究所常务筹备委员。11月，国民政府公布《国立中央研究院组织法》，规定中央研究院与中华民国大学院脱离隶属关系，成为独立的研究机构。

1928年夏天，傅斯年辞去中山大学教职，专门从事筹建历史语言研究所的工作，筹备处办公地点设在广州中山大学校内。9月，傅斯年就任中央研究院历史语言研究所所长。10月23日，史语所迁至广州市东山恤孤院后街三十五号柏园。至此，中央研究院历史语言研究所宣告正式成立，简称史语所，下设史料、汉语、文籍考订、民间文艺、汉字、考古、人类学、民物学、敦煌材料研究九组。

二、汇聚英才

早在史语所筹备时期，傅斯年便充分认识到研究人员的聘用对史语所学术前景的影响，"研究所于奠基立石之时，不得不为长时之寻想及讨论，以便设基不误，后效可期"，"因此既系中央研究院之一部，自当一体收罗此两科之学者，使国内名贤在此范围者无有遗漏，亦无滥举"。

史语所成立后，傅斯年致力于物色和罗致一流的专业学者，陈寅恪、李济等都是他志在必得的人选。1928 年 9 月，他就以蔡元培院长名义致电陈寅恪，要求其担任历史语言研究所研究员，信中说："本院院长蔡先生聘先生为本研究所研究员，恳请许诺，感荷无置！"考虑到陈寅恪在清华大学担任研究教授，不可能立即离职南下，在信中特别注明准允其常住北平，从事学术研究。信中说："查历史的语言的材料聚集北平者至多，整理发明端赖博学如先生者，不维冒昧，敢烦先生常住在北平，以便从事整理，闻先生于内阁大库中颇得重要史料，有意编辑，又得数种文书之蒙古史，思考校之，无任欣佩，颇思早观厥成，以树研究史学之表仪，至于推此项及其他。先生在北平工作之用费，如抄写之费及助员之费等，自当由本所担任。"为了方便陈寅恪在北平为历史语言研究所工作，1928 年11 月，陈寅恪受聘为北平分所主任。1929 年 6 月，历史语言研究所迁往北平后，陈寅恪担任研究员兼第一组（历史组）主任，但陈寅恪一直没有实际到职，仍以清华大学工作为主，在历史语言研究所的具体工作多由傅斯年实际处理。

李济亦是傅斯年极力招致的人才。李济，字济之，1918年官费留美，入麻州克拉克大学攻读心理学，次年改读人口学专业。1920年获得社会学硕士学位后，转入美国哈佛大学，攻读人类学专业。1923年获博士学位，归国后被南开大学聘为人类学和社会学教授。1926年，李济主持发掘了山西夏县西阴村新石器时代遗址，此为中国学者最早独立进行的考古发掘，奠定了李济在考古界的地位。1928年李济在广州与傅斯年不期而遇。关于二人初识的经过，李济后来回忆说："因为我向来不曾到过广东，所以顺便到广州去看看。又因为我不懂广东话，而那时刚成立的中山大学，有许多从北方来的教授在那儿教书，我也不知道有什么人在那儿，我只是去碰碰看。谁知一去，在门口碰到清华的老教授庄泽宣先生，我们彼此很熟。他一见我就说，你什么时候来的？正有人在这儿找你呢！快去快去！我带你见他去！我不免吃了一惊，问他什么人要找我呢？他说：这个人你也知道的，就是傅孟真先生。"二人见面后交谈极为融洽，期间傅斯年又陪同李济参观了历史语言研究所和图书馆，介绍了史语所的研究计划，提出让他主持考古组工作。李济深深地为傅斯年高远的学识、宏大的气魄和坦诚的态度所打动，他即刻接受了傅斯年的聘请。从此之后，李济一直服务于史语所，从事考古研究，取得了杰出的成就。

在聘请所员的同时，傅斯年对其级别、职事等作了相应的筹划。依据《国立中央研究院历史语言研究所章程》的规定，史语所人员有研究员、助理研究员、学侣、研究生等。研究员分为专任、兼任、特约三类。其中，专任研究员在研究所从事研究，兼任研究员于特定时间内到所工作，特约研究员于有特殊调查或研究事项时临时委托到所或在外工作。专任及兼任研究员任期为一年，期满可以续聘连任。研究员无定额，只要才识卓越者均可聘用，从傅斯年致胡适的信中可知，最初拟聘任的研究员有陈寅恪、赵元任、李济、朱希祖、罗家伦等二十余人。同时聘任伯希和、米勒、珂罗倔伦为外国所员，享受研究员待遇。后来又设有助理研究员，傅斯年称："助理研究员之资格，依法律所规定，等于大学之专任讲师。然中央研究院之标准，远比各大学平均之程度为高，此时敝所助理研究员就业大学者，至少为副教授。"另外，"为取得研究之材料及图研究之方便起见"，设通信员和外国通讯员若干人。在研究员之下，设有学侣，无定额，规定"凡于历史学或语言学范围内之学科已开始为研究之工作，有良好之成绩，以后可因与本所之关系，得研究之方便，助成其研究之前进者，随时由所务会议议决，经所长函任之"。除此之外，史语所有权招收研究生，"以训练成历史学及语言学范围内共为工作之人，而谋集众工作之方便以成此等学科之进步"。

关于史语所人员薪酬，当时也有明确规定。最近出版的《傅斯年遗札》有一封傅斯年致杨铨的信，里面附有"历史语言研究所十八年度聘员及薪额表"，为我们了解史语所的工资概况提供了重要参考。附件内容为："傅斯年（专任研究员兼所长）四百元、陈寅恪（专任研究员兼任支薪）二百元、赵元任（专任）四百元，李济（专任职兼任支薪）一百元、史禄国（专任）四百元、罗常培（专任）二百四十元、丁山（专任）二百四十元。刘复（兼任研究员）一百五十元、陈垣（兼任）一百元。胡适（特约）、朱希祖（特约）、林语堂（特约）、沈兼士（特约）、马叔平（特约）、顾颉刚（特约）、俞大维（特约）、容庚（特约）五十元，徐炳昶（特约）、辛树帜（特约）、商承祚（特约）。"除了优厚的工资待遇，傅斯年还制定了具体的科研奖励办法，规定凡是发表文章的人员，按千字三元的标准进行奖励；"一字之释文，一简之考证，自不可以字数定也"；对于文章学术影响较大的，"格外加奖若干"。

历史语言研究所建立以后，傅斯年一直把罗致和培养优秀人才作为所内要务，延请赵元任、李方桂、董作宾、徐中舒等著名学者领导和参加历史、语言、考古各组的研究，并厘定章程，为他们创造良好的工作条件；同时注意培养年轻学者，夏鼐、张政烺、劳干、胡厚宣、梁思永、杨志玖、何兹全等，都曾在史语所学习和工作过。这些在历史语言研究所接受培育的年轻学者从 20 世纪 30 年代开始直至 21 世纪初，成为海峡两岸重要学术机构和高等学校社会科学研究领域的骨干和代表人物。

三、史语所的工作旨趣

1928 年 5 月，傅斯年专门撰写了《中央研究院历史语言研究所工作之旨趣》，对设立历史语言研究所工作的指导思想、学术宗旨和工作目标进行了阐释。

在这篇文章中，他首先对欧洲历史学、语言学研究状况作了简要介绍，指出其内容、范围、方法和研究宗旨。他说：历史学和语言学在欧洲都是很近才发达的。历史学不是著史，近代的历史学只是史料学，利用自然科学供给我们的一切工具，整理一切可逢着的史料。与此相辉映，欧洲的语言学在 18 世纪、19 世纪之交，经过几个大学问家的努力，很快发达了起来，不论是综合的系族语言学，还是各种专门的语言学，都已蔚为大观，尤其是实验语音学、方言的研究，成绩更为突出。与欧洲相比，中国的语言学和历史学虽然出现很早，但没有得到很好的继承和发扬。傅斯年指出，早在公元前 2 世纪的司马迁，在其皇皇巨著《史记》中"若干观念比十九世纪的大名家还近代些"。北宋的欧阳修作《集古录》，研究直接材料，"是近代史学的真功夫"。到北宋晚年这方面又有长足的进步。如果按照这样的方向发展下去，到了明朝，就应该有当代欧洲的局面了。可是元朝以异族人入主中原，明朝崇尚浮夸，所以历史学、语言学不仅没有进步，反而后退了。明清之际浙东学派开了"一个好端涯"，清初顾炎武的历史考证、音韵学研究，阎若璩的历史地理学及辨伪方面的成就，均为世人所瞩目。"亭林（顾炎武字）、百诗（阎若璩字）这样对付历史学和语言学，是最近代的：这样立点便是不朽的遗训。"但是近百年来中国的历史学和语言学并没有沿着前人开辟的正确方向走下去，也没有因为和西洋人接触而借用其新工具，扩张新材料，而是煞费苦心地在那里修元史、修清史，做官样文章。更有甚者，不仅自己不使用新材料，就连别人正在使用的新材料也加以抹杀，如甲骨文字，外国人都在极力搜求研究，而我们的语言学的"大权威"，却将其视为赝品。这在观念上、研究方法上都是一个大倒退。总之，傅斯年认为，中国的历史学、语言学发达早，有光辉的历史，但近代以来却落伍了。欧洲的历史学、语言学是近几百年才发达起来的，但发展的水平却远远超过了中国。

在此基础上，文章进而提出判定这两门学问进步与否的三个标准。

第一，"凡能直接研究材料，便进步。凡间接的研究前人所研究或前人所创造之系统，而不繁丰细密地参照所包含的事实，便退步"。前者是所谓"科学的研究"，后者则是所谓"书院学究的研究"。傅斯年举例说，仅以《说文解字》为本体去研究文字学，是学究的研究；而只把《说文解字》作为一种材料，同时使用甲骨文、金文去研究文字学，乃是科学的研究。按照司马迁的旧公式，去写纪表书传，是"化石的史学"；而能利用各种直接材料，大到方志，小到私人日记，远如考古发掘，近到某洋行的贸易册，去把史事理出来，则是科学的本事。

第二，"凡一种学问能扩张他研究的材料便进步，不能的便退步"。西方人做学问不是去读书，而是"动手动脚到处找新材料，随时扩大旧范围"，所以这学问便不断发展提高。中国古代的文字学研究，从《说文解字》的研究取代汉简，到阮元的金文研究识破《说文解字》，再到孙诒让、王国维的甲骨文研究，材料不断扩充，学问一层层进步。在中国历史学的盛时，材料用得也很广泛，"地方上求材料，刻文上抄材料，档库中出材料，传说中辨材料"，可是到了现在，中国的学者不仅不能扩充材料，去搞地下发掘，就是自然送给我们的材料，如敦煌文献、内阁档案等，也坐视其毁灭、外流，却又在那里大谈"整理国故"，这样怎能进步！

第三，"凡一种学问能扩充他作研究时使用的工具的，则进步，不能的，则退步。实验学家之相竞如斗宝一般，不得其器，不成其事，语言学和历史学亦复如此"。中国历来研究音韵学的人很多，但没有突出的成就，原因是缺乏必要的工具。现代的历史学已经成了各种科学方法的汇集，地质、地理、考古、生物、气象、天文等学科，无不供给其研究的工具。没有自然科学的帮助，许多历史问题根本无法解决。

依据上述三条标准，傅斯年提出了历史语言研究所工作的三条宗旨。第一是"保持亭林百诗的遗训"。就是"照着材料的分量出货物"，"利用旧的新的材料，客观地处理实在问题，因解决之问题更生新问题，因问题之解决更要求多项的材料"。第二是"扩张研究的材料"。第三是"扩张研究的工具"。傅斯年认为这三条实在是一句话，没有客观的地理史学或语言学的题目之精神，即"所谓亭林百诗的遗训者，是不感觉着扩充材料之必要，且正也扩充不了，若不扩张工具，也不能实现这精神，处置这材料"。

在文章的最后，傅斯年提出了三个响亮的口号：

一、把那些传统的或自造的"仁义礼智"和其他的主观，同历史学和语言学混在一起的人，绝对不是我们的同志！

二、要把历史学语言学建设得和生物学地质学等同样，乃是我们的同志！

三、我们要科学的东方学之正统在中国！

在《历史语言研究所工作之旨趣》发表以后的几十年里，史语所的学者们一直恪守上述几项原则，遵照傅斯年提出的研究方向进行着不懈的耕耘。

四、领导史语所迁徙

史语所成立之后，为了学术的需要，在傅斯年的带领下前后共历经了九次迁徙，其中大规模迁徙有三次。

1929 年春，史语所由广州迁往北平，这是第一次大规模的迁徙。傅斯年之所以要迁史语所至北平，主要是考虑到北平特殊的地理位置，可以为研究工作提供诸多便利条件。其一，北平是明清都城，保存有大量的图书典籍、档案资料，北平图书馆、北大图书馆和清华图书馆所藏图书文籍，皆非其他地区图书馆可比。其二，当时傅斯年拟定的搜求新材料的路线有两条，一是京汉铁路沿线，重点是安阳至易州一带，二是由洛阳附近向西延至中亚。北平距这些地区较近，交通亦较便利，人员往返、消息传递及物资运输等均相对方便。其三，20 世纪初，北平出现了两个国学研究机构，一是北大研究所国学门，二是清华国学研究院，国内大批学术精英加盟其中，进行了卓有成效的研究工作。史语所迁至北平，不仅可以接受这两个研究机构的学术成果，而且能够吸收更多的高水平研究人员，如北大国学门的刘复、朱希祖、徐中舒、陈垣，清华国学研究所的陈寅恪、赵元任，都是很有成就的学者，将他们吸收到史语所中来，必定能够大大提高史语所的研究水平。故从3月开始，史语所筹备北迁，历时三个月完成迁徙，所址设于北海公园之静心斋。

按最初的设置，史语所下辖九个研究小组。迁往北平后，鉴于原有各组分工过细、不便具体工作的现实问题，傅斯年决定将原设的九组合为三组，即历史、语言、考古。具体分工如下：

第一组：历史组，负责史学及文籍校订等工作，陈寅恪任主任，主要成员有陈垣、徐中舒等。

第二组：语言组，负责语言学及民间文艺等工作，赵元任任主任，主要成员有李方桂等。

第三组：考古组，负责考古、人类学及民物学等工作，李济任主任，主要成员有董作宾、梁思永等。

1935年史语所迁到南京后，经中央研究院总干事丁文江提议，将社会科学研究所民族学组划归历史语言研究所，列为第四组，并更名为人类学组，聘请吴定良为主任。

史语所各组组长在当时实为一时之选，尤其是为聘请陈寅恪、赵元任，傅斯年费尽苦心，不惜放宽"政策"，破格录用。陈寅恪学问博大精深，素为学术界所推重。1928年史语所成立伊始，傅斯年便聘请陈寅恪为史语所兼任研究员。1929年史语所迁北平，当时陈寅恪已被清华大学、北京大学联合聘为教授，且须主持清华研究院工作。赵元任是著名的语言学家，在中国音韵学，尤其是少数民族语言的调查研究方面成绩卓著。傅斯年在柏林大学读书时就与赵氏交往。后赵亦被清华研究院聘为导师。当时史语所规定："凡是史语所人员，均不许在外面兼课。"尽管如此，为了能聘请到这两位杰出的人才，傅斯年便破格同意他们二人可以在清华兼课。除陈、赵之外，傅斯年同时还大力招揽当时学界名流，如陈垣、徐中舒、岑仲勉、董作宾、罗常培、刘半农、李方桂等都先后被聘为史语所研究员或通讯研究员。

在傅斯年领导和规划下，史语所研究人员团结奋斗，其目标是用新的方法和工具对历史学、语言学进行研究，扩充研究资料，更新研究工具，力争在最短的时间内赶上外国有关方面的研究水平。为此，傅斯年费尽了心血，尤其是在战火纷飞的年代，为躲避战火，潜心学术，傅斯年带领史语所的同人们辗转迁移，可谓是颠沛流离，备尝艰辛。

1937 年"七七"事变以后，考虑到同事的人身安全和研究的需要，傅斯年主持历史语言研究所再次大规模迁徙。史语所最初迁至长沙。随着战事的进一步升级，傅斯年担心武汉失守危及长沙，1938 年 1 月，在傅斯年的筹划下，史语所的工作人员及图书资料仪器设备，一部分经贵州转至昆明，一部分取道广西桂林，然后绕道越南迁至昆明。到达昆明后，选定拓明东路与青云街三号为所址。但好景不长，随着国内和国际抗日形势的变化，云南边境军事吃紧，昆明常遭敌机轰炸，警报频繁。为躲避空袭，史语所又迁至昆明郊外，安置在龙泉镇的响应寺和龙头书场。不久，为了人员的安全起见，傅斯年决定，要为历史语言研究所选一个在地图上找不到的地方作为新所址，于是他派芮逸夫到四川最终选定了南溪县李庄镇。是年 11 月，史语所迁到了李庄镇。

史语所虽说是在李庄，实际上是在李庄山上一个叫板栗坳的地方，离李庄还有十多里路。关于板栗坳的位置和情况，罗常培曾描述说："历史语言研究所的所址在板栗坳，离李庄镇还有八里多……离开市镇，先穿行了一大段田埂，约有半点钟的光景。到了半山的一个地方叫木鱼石，已经汗流浃背，喘得上气不接下气。躲在一棵榕树荫下休息一会儿等汗干了，才能继续登山。又拐了三个弯，已经看不见长江了，汗也把衬衫湿透了，还看不见一所像样的大房子。再往前走到了一个众峦逃拱的山洼里，才算找到板栗坳的张家大院。"

在这个远离市镇的"世外桃源"，看不到弥漫的硝烟，遇不见敌机轰炸，学人们终于可以静心于学问和研究，但麻烦还是接踵而至。

首先是得不到当地百姓的理解。一次搬运时，不巧撞坏了一个木箱，里面的人头骨和其他骨骼化石全都暴露无遗。当时农民一片哗然，加之此前有位来自广东的同事打了条蛇吃以解馋，当地人便传说这个机关不光吃蛇，"还吃人"。一到晚上，便有人站在附近的山头上高喊："研究院杀人了！研究院杀人了！"弄得人心惶惶。傅斯年只好出面，邀请当地官员和地方乡绅座谈，再三向他们解释研究人骨的意义，请他们对民众作些必要的解释，这才化解了一场危机。

当时兵荒马乱，治安也是个问题。所里有许多珍贵的图书，很容易成为偷盗者的目标。于是，傅斯年让人把"善本书库"的牌子取下来，换上"别存书库"的牌子，以免过于招摇，引狼入室。为所里同仁的人身安全着想，傅斯年还专门召开了一次会议。会上，傅斯年提议每个人床头上放一面小铜锣，一旦发现异常情况，马上鸣锣报警，引得会场的人哄堂大笑。而最难解决的还是吃饭问题。当时战事正紧，研究所又僻处山坳中，一些衣食供应不足，不要说肉类蔬菜了，就是粮食也往往成问题。傅斯年每顿饭只能吃一盘"藤藤菜"，困难的时候连菜都没有，只能喝稀饭。实在揭不开锅的时候，就只好卖书度日。傅斯年一生嗜书如命，藏书很多，把这些书卖掉，傅斯年真是从心里舍不得，但为了养家糊口，只能忍痛割爱。他卖书换来粮食，除解决自己的燃眉之急外，还周济朋友。一家如此，家家如此，一些孩子多的人家，生活更是困难。为了解决研究人员的生活问题，他不得不和地方政府打交道，把工作的重点放到卑言温语的"乞食"上去。他曾给驻宜宾的四川第六区行政督察专员兼保安司令王梦熊写过不少求助的信，其中一封信写道：

> 请您不要忘记我们在山坳里尚有一些以研究为职业的朋友们，期待着食米……

> 敝院在此之三机关约（需米）一百石，外有中央研究院三十石，两项共约一百三十石。拟供应之数如此……夙仰吾兄关怀民物，饥溺为心，而于我辈豆腐先生，尤为同情——其实我辈今日并吃不起豆腐，上次在南溪陪兄之宴，到此腹泻一周，亦笑柄也——故敢有求于父母官者。

抗战胜利后的第二年，史语所告别了生活八年的李庄，重新迁回南京。然而喘息未定，内战局势的发展又迫使学者们不得不作出"去"还是"留"的艰难抉择，最终在痛苦与无奈中决定迁台。据傅斯年的学生陈槃回忆说："洎三十八年冬，首都告警，群情惶急，不知所以为计。一日，师召集同人会议，惨然曰：'研究所生命，恐遂如此告终矣。余之精力遂消亡，且宿疾未愈，虽欲再将研究所迁至适当地区，使国家学术中心维持得以不坠，然余竟不克荷此繁剧矣。今当筹商遣散。虽然

如此，诸先生之工作，斯年仍愿尽最大努力，妥为介绍安置.'
同人此时，以学术自由之环境已受威胁，于多年生命所寄托之
研究所，亦不胜其依恋可惜。一时满座情绪，至严肃悲哀，有
热泪为之盈眶者。师于是不觉大感动，毅然曰：'诸先生之贞
志乃尔，则斯年之残年何足惜，当力命以付诸先生之望耳.'
本所迁移之议，于是遂决。"

　　1948年12月，史语所的第一批图书、仪器、设备，由李
济督运，随同故宫迁运文物运往台湾；史语所第二批图书等文
物在1949年运抵台湾。当时史语所之所以能够在仓促之下仍将
绝大部分重要的资料、设备搬至台湾，很大一个原因是傅斯年
的私人关系："傅先生太太的哥哥俞大维那时是国防部军需司
司长，有权调配军舰。当时用军舰把史语所很多重要的东西都
运到台湾来。"当时海军部动用了中鼎轮帮助运送史语所资料
与故宫文物，使这些珍贵物品不至于在战乱中散佚。史语所迁
台后，所址设于台湾杨梅镇，在艰苦的环境下，史语所人员依
然坚持研究工作，取得很多成果。

五、殷墟发掘

　　史语所成立之后，在所长傅斯年的领导之下，取得大量学
术成就，其中最举世瞩目的莫过于在河南安阳对殷墟的十五次
发掘。早在筹办史语所的时候，傅斯年便属意于建立一个中国
人自己的科学考古组织，发展中国的考古事业。在筹划中，傅
斯年将田野考古的目标首先投向了安阳殷墟。

　　安阳殷墟的发掘可追溯到清末。据记载，光绪二十五年
（1899）秋，时任国子监祭酒的王懿荣得了疟疾，京城一位老
中医给他开了一剂药方，里面有一味中药叫"龙骨"。待仆人

把药买回之后，王懿荣发现"龙骨"上有一种类似篆文的刻痕，凭着自己渊博的学识和金石方面深邃的造诣，他当即意识到这颇像篆文的刻痕，可能是一种年代久远的古文字。正是得益于这一千载难逢的历史机缘，王懿荣不仅作为认定商代文字的第一人，确认了甲骨文世之无匹的学术价值，同时开创了甲骨文研究的先河，揭开了中国商代历史研究的序幕。

消息迅速在国内外广为传播，引起了很大的轰动。安阳小屯村从此热闹起来了，形形色色的商人如蝇附蛆，在金钱的驱使下纷纷到这里来搜求文物或直接聚众挖掘，许多古器物被毁，地层结构遭到严重破坏。更有甚者，许多欧美、日本的"考察团""考古学家"也大肆插手，致使数以万计的甲骨辗转流散海外。傅斯年对此痛心疾首，担心不久殷墟就真的会变成废墟，对殷墟进行科学的考古发掘已刻不容缓。

当时，由于人们普遍认为殷墟甲骨在经过清末及民国初年的大肆盗掘和古董商人的收购之后，已所剩无几。傅斯年对此也将信将疑，便决定派人到安阳进行试掘，以证实殷墟是否还有继续发掘的价值。1928 年 8 月，董作宾就是带着这样的使命到达安阳的。

董作宾，字彦堂，光绪二十一年（1895）生于河南省南阳县。1923 年考取北京大学研究所国学门研究生，主攻甲骨文。1927 年秋，到广州中山大学任副教授。期间，董作宾结识了傅斯年。历史语言研究所成立时，董作宾正在家侍奉年迈的父亲。傅斯年便写信给他，聘他为中央研究院历史语言研究所通信员，要他调查河南省内的文化古迹，落实田野考古发掘对象，以书面形式向史语所报告。之所以聘任董作宾，是因为他朴实稳重，又是河南人，对河南的情况比较熟悉，由他来调查河南省内的文物古迹，既能减少地方政府的阻力，也切实可信，同时又可以就近照顾家庭，公私兼顾，两全其美。这次傅斯年决定对安阳殷墟进行试掘，董作宾当然是最佳人选。

　　发掘人员除了董作宾之外，还有河南省政府派出的郭宝钧、王湘等人。他们把小屯遗址分为三个区域，采用平起、递填的方式，探得甲骨在地下的大致轮廓后，分三步实施大规模的发掘。从当年 10 月 13 日到 30 日，共发掘了四十个坑，面积二百八十平方米，掘获石、蚌、龟、玉、铜、陶等器物三千余件，获甲骨八百五十四片，其中有字甲骨七百八十四片，另有人、猪、羊等骨架出土。通过这次试掘，傅斯年等人认为殷墟还有进一步发掘的价值并已经到了刻不容缓的地步，"迟之一日，即有一日之损失"。于是立即写工作报告给中央研究院，要求组织人员对殷墟进行大规模发掘。报告中说：

　　　　安阳之殷墟，于三十年前发现所谓甲骨文字者，此种材料，至海宁王国维先生手中，成极重大之发明。但考古知识，不仅在于文字，无文字之器物，亦是研究要件；地下情形之知识，乃为近代考古学所最要求者。若仅为求得文字而从事发掘，所得者一，所损者千矣……此次初步试探，指示吾人向何处工作，及地下所含无限知识，实不在文字也。

　　收到傅斯年的报告，中央研究院院长蔡元培给予了极高重视，并特批一千银圆作为发掘经费。得到中央研究院批准后，傅斯年便抓紧时间购置发掘器具，聘请工作人员。此项重任本打算继续由董作宾负责，但他缺乏主持大规模考古发掘的专业知识和学术水平，在安阳试掘时，他只看中甲骨文，对一些珍贵的商代人头骨及陶片却扔回坑里重新埋了起来，拾一漏百。权衡再三，傅斯年决定聘请李济博士主持殷墟发掘工作。对此，蔡元培曾回忆道："董先生到了那里，试掘了一次，断其后来大有可为。为时虽短，所得颇可珍重，而于后来主持之任，谦让未遑。其时，适李济先生环游返国，中央研究院即托其总持此业，以李先生在考古学上之学问与经验，若总持此事，后来的希望无穷。承他不弃，答应了我们，即于本年（1929）二月（阴历）到了安阳，重开工程。"

1929年3月7日，在李济的主持下，大规模的殷墟发掘正式开始。此次发掘更符合近代考古学的标准，除系统地记录和登记发掘出的每件遗物的准确出土地点时间、周围堆积物情况和层次之外，还要求每个参加发掘的工作人员坚持写下个人观察到的及田野工作中发生的情况的日记，因而第二次发掘成果更为显著。在近两个月的时间里，他们在殷墟附近的洹上村一带开挖三处，掘得甲骨六百八十片，古器物、兽骨、陶片很多。正当取得这一系列可喜成果，史语所同人准备一鼓作气继续发掘的时候，国民党新军阀之间为争权夺势，混战一触即发，河南的军事形势骤然紧张了起来，保护殷墟发掘的部队被抽调走了，当地的土匪一下子猖獗起来。为防出土文物被窃，李济等人将发掘所得一部分藏于安阳高级中学和河南第十一中学，一部分送到北平史语所内进行研究整理。但他们的行动遭到了河南地方当局的干涉，他们指责史语所欲把殷墟出土文物据为己有，阻挠史语所的考古发掘，并派河南省图书馆馆长何日章警告考古队安阳考古不容外省人越俎代庖，勒令考古队停止发掘。

傅斯年得知详情后，急忙赶到南京，向中央研究院及有关负责部门作了汇报，然后直奔河南开封。他利用官方交涉、私人晤谈、公开演讲等方式，宣传科学考古知识，说明史语所的考古发掘旨在促进中国考古学、历史学的发展，发掘出的古器物运往北平只是为了研究，并不是想攫为己有，等研究一结束，就在首都和本地展览，供参观和研究之用。同时他诚恳地表示，史语所愿借此发掘之机，为河南省学术界作出贡献，如欢迎河南高校派专家学者参加发掘，帮助河南高等学校建立研究机构，史语所学者充当河南研究工作顾问，等等。傅斯年在河南省活动了一个多月，殷墟发掘才得以继续进行。他后来回忆说："为了这件事，我把鼻子都碰瘪了！"

　　同年，李济主持的殷墟第三次发掘，出土了著名的"大龟四版"。这是在殷墟首次发现的大块甲骨，龟板上刻满了殷商时代的占卜文字。尤其令人瞩目和振奋的是，这年的 11 月 21 日，李济于一堆碎片中发现了一片彩陶——这是安阳殷墟在抗战前全部十五次发掘中所记录出土的二十五万块陶片中唯一的一片具有仰韶文化性质的彩陶。对于这一异乎寻常的发现，二十年之后，李济曾专门撰写论文指出它在中国历史研究中的重大价值和意义："在开始这一工作时，参加的人员就怀抱着一个希望，希望能把中国有文字记录历史的最早一段与那国际甚注意的中国史前文化连贯起来，作一次河道工程师所称的'合龙'工作。那时安特生博士在中国所进行的田野考古调查工作已经到了第十个年头。这一希望，在第三次安阳发掘时，由于在有文字的甲骨层中一块仰韶式彩陶的发现，大加增高。现在事隔二十年了，回想这一片彩陶的发现，真可算得一件历史的幸事。"又说："要不是终日守着发掘的进行，辛勤地记录，这块陶片的出现，很可能被忽视了。有了这一发现，我们就大胆地开始比较仰韶文化与殷商文化，并讨论它们的相对的年代。"

　　1931 年 3 月，李济率考古工作队对殷墟进行第四次发掘，发掘范围从小屯向东扩展到后冈，向西扩展到四盘磨。4 月底，傅斯年到发掘现场进行视察，三日后返回北平，并于次年 11 月再次视察了发掘遗址。之后，史语所的同人又进行了多次发掘，其中 1935 年春的第十一次发掘规模最大。这次发掘每天用工达到五百五十人以上，如果连研究人员和参观的学者计算在内，最多时达到六百人。据参加发掘的石璋如回忆，西北冈的发掘，有五个最多，即：参加的工作人员最多；用工人最多；用钱最多；占地最多；收获最多。其中"单就工资一项来说，每人每天工资四角，五天发一次，每人二元，五百人，五天便要发大洋一千元。本次工作一百零二天，除了星期天、下雨天停工，实际的天数约八十五天，要发十七次工资，即一万七千元"。这个数字现在听起来，简直不算回事，可是在当时听起来，真是天文数字。一万七千元，那还了得！

5月中旬，傅斯年和法国汉学家伯希和等人一同到现场视察，当时西北冈发掘地西区的四个大墓已快发掘完毕，东区的四百多座小墓正在发掘，虽然这些墓葬曾被盗掘过，但残留的古器物仍十分可观：大牛鼎、大鹿鼎、大圆鼎，各种鸟兽形制的石雕、玉器、松绿石器，武士用的钢盔、弓矢、戈、矛、刀、戚、斧、钺等，饮食用的有爵、觚、鼎、彝等等，并有车坑、马坑、象坑、鸟坑、人头坑、无头葬。伯希和面对如此宏大的陵墓、排列整齐的小墓及大量精美灿烂的文物，不断发出惊叹和赞美之声。

1936年4月的第十四次发掘，发现了一个埋有完整马车和四匹马的车马葬坑。这是第一次发现商代交通工具，又一次轰动了中外学术界。同年6月，对殷墟的第十五次发掘，获得了至为重要的成果，在这次发掘中共发现有字甲骨一万七千零九十六片，比前十四次发掘出的全部有字甲骨的总和还要多。此时，随着日本侵华步伐的加剧，华北地区已是剑拔弩张，形势危急，为防不测，殷墟发掘于6月19日匆匆结束，这是对殷墟的最后一次发掘。

从1928年11月到1937年抗日战争全面爆发前的十年间，

在傅斯年的领导下，史语所对安阳殷墟先后进行了大小十五次发掘，共发掘遗址十一处，获得大量龟甲、兽骨和铜器，共计有器物一百六十九万件，带文字的甲骨二万五千片。他们的发掘虽因抗日战争的爆发而终止，但这十余年的发掘所得，便已震惊海内外，成为20世纪世界田野考古工作中最重要的成果之一。傅斯年领导组织的安阳殷墟发掘有力地证实了甲骨文字的存在，大大提高了甲骨文的历史价值与学术价值。大批甲骨文和大量遗迹遗物的发现，极大地充实了中国古代文化的内容，为研究上古史和古器物学建立了一个平台，甲骨文与《史记》等史书互证，从而使商代的史事，由阴晦而日趋明显。中国的信史，也因此向前推进了数百年。

六、城子崖发掘

城子崖遗址分布于山东省章丘县龙山镇（原属山东省历城县）武原河畔的台地上，是第一处由中国考古学者自己发现和发掘的遗址。

1928年的春天，时任山东齐鲁大学助教的吴金鼎利用业余时间进行田野调查，在济南东六十余里的历城县龙山镇一个叫城子崖的地方，发现了一处黑陶文化遗址。在此之后，吴金鼎及时把这一情况报告给自己的导师李济。李济立即赶赴济南随同吴金鼎到现场察看，他意识到这是一处极其重要的历史文化遗址，于是"决定选择城子崖作山东考古发掘第一个工作地点"。

1930年秋，由于中原大战的影响，李济与董作宾等被迫中断殷墟发掘，移驻山东济南，城子崖开始首次发掘。为避免出现殷墟发掘中地方政府阻挠的现象，史语所考古人员到达济南后，积极与各有关方面联系。在傅斯年同乡好友何思源的积极支持和周旋下，史语所与山东省政府合组"山东古迹研究会"，共同进行考古发掘。

通过发掘，考古人员发现遗址明显具有新石器时代特征，所出土的文物与仰韶文化风格迥异，其中发现最多的黑陶和灰陶器具几乎完全不同于河南、甘肃的彩陶，器形也没有相同之处。而发掘所得的最具特征的蛋壳陶，通体漆黑光亮，薄如蛋壳，其制作工艺达到了新石器时代的巅峰，这种工艺成为一种文化标志——黑陶文化。根据发掘成果，李济等认定其文化遗存属于新石器时代，在考古学上的价值和意义，"不但替中国文化原始问题的讨论找了一个新的端绪，田野考古的工作也因此得了一个可循的轨道。与殷墟的成绩相比，城子崖虽比较简单，却是同等重要"。由于城子崖遗址地处龙山镇，考古人员将这一文化命名为"龙山文化"。

1931年秋，梁思永率领吴金鼎、王湘等人由安阳转赴山东城子崖，开始继李济之后的第二次发掘。这次发掘出土大量陶器、陶片，并在八十八片陶片上发现了刻画的符号。除此之外，考古人员还意外发现了长约四百五十米、宽约三百九十米的版筑城墙，探明了城墙的形势与结构、现存的高度与厚度，以及它与整个遗址地层的关系。城子崖版筑城墙的发现是中国学者在田野考古中第一次发现了史前版筑和夯土技术，首次发现了史前古城址。

城子崖的发掘，对中国考古来说意义重大，傅斯年对其给予了极高的评价，称城子崖发掘是："中国考古学家在中国国家学术机关发布其有预计之发掘未经前人手之遗址之第一次，颇有深切的意解，虽不敢以创新纪元自负，然后来此学之发展，或当承认此一工作为昆仑山下一个长源。"同时又说："这是一个千年大树的横切面，又是一个多数脉络的交会所……这个工作堪为史前考古时代之一基石，在中国考古知识之征服上，建一形胜的要塞，替近海地方的考古学作一个前驱。"城子崖发掘进一步证明了殷墟与城子崖二地黑陶文化基本相同的论断，从而纠正了瑞典学者安特生提出的"粗陶器要比着色陶器早"的错误结论，推动了之后殷墟发掘中"地层学"这一先进考古技术方法的运用，为中国考古学发展的科学化和规范化翻开了新的一页。

七、整理大内档案

明清大内档案是指清王朝保存的自明末以来内阁大库保存的档案。其档案内容包括明末至清代的诏令、奏章、则例、移会、贺表、三法司案卷、实录、殿试卷及各种册簿等。内阁大库原编为六号，礼、乐、射、御四号所藏全是明末至清代的档案，书、数二号除收藏赋役书、命书、朱批谕旨、乡试录、殿试卷外，还藏有明朝文渊阁旧籍及各省府县志。宣统元年（1909），库房损坏，这些档案书籍被临时移放于文华阁两庑和大库外边的庭院里。露天堆放非长久之计，于是主管学部事务的大学士、军机大臣张之洞奏请将其中书籍拣出，成立"学部图书馆"（中国国家图书馆的前身）保存。档案部分被视为无用之物，经内阁会议讨论后，拟予以焚毁。学部参事罗振玉奉命接收书籍，发现批准焚毁的档案都是十分珍贵的历史资料，于是建议学部设法予以保存，获准后分别存放于国子监南学和学部大堂后楼里。辛亥革命后，这批档案材料划归教育部历史馆收藏，于1917年全部移放于午门、端门洞中，当事者时或盗窃之。后来教育部曾两次派人进行"整理"，将一些比较整齐的材料翻拣出来，其余的则胡乱堆放，使之更加残破散乱，被盗窃的情况更为严重。

1922年，历史博物馆方面经费短缺，于是对这批档案打起了主意，把它们装进了八千多个麻袋里，总计重量约十五万斤，以烂字纸之价格，计四千大洋，卖给了北京的同懋增纸店。该纸店又改用芦席捆扎成包，准备运至定兴、唐山两地重新造纸，同时从中挑出一些较为整齐的案卷，拿到市场上出售。罗振玉闻讯后，急以三倍之价赎回，将已运往定兴的部分重新运回北京，运至唐山的部分改运到天津存放。他曾雇人对某些案卷进行了整理，编印成《史料丛刊初编》十册。以私人之力，全面进行整理绝无可能，长期存放，容易毁坏，罗氏筹划再三，计无所出，只好转售他人。1924年，李盛铎以一万六千元购得，乃于北平、天津分别赁屋存放。1927年，李氏因房租价高难以支付，且所租房屋漏雨，损及书册，乃急欲转卖。当时平津学人虽知这批材料价值甚大，但均以价格太高且难以保存整理而未敢购买，时日本人又生觊觎之心，一些外国教会设办的学校如燕京大学也在设法购买。

　　对此，北大、清华、故宫博物院等机构的专家学者，纷纷表示这批档案文献万不可落入外国人之手。陈寅恪对此亦深以为然，他在给傅斯年的信中明确表示："现燕京与哈佛之中国学院经费颇充裕，若此项档案归于一外国教会之手，国史之责托于洋人，以旧式感情言之，国之耻也。"陈寅恪力主把这批珍贵的历史文献留于纯粹的中国研究机构之手，其中寄予最大希望的还是中央研究院。就当时的情形而论，无论是北大、清华还是故宫博物院，都很难拿出大笔款项购买这批在当权者看来并无多少价值，但在学术界看来却是奇珍异宝的内阁档案。于是，借傅斯年由广州来北京办事之际，胡适与陈寅恪曾主张由傅氏出面向中央研究院院长蔡元培请拨款项，以求购这批"国之瑰宝"。

　　傅斯年早已知道此档案的珍贵，听说有流入外国人之手的可能，更是感觉到了留下此档案的重要性。9月11日，他上书蔡元培，信中说：

　　午间与适之先生及陈寅恪兄餐，谈及七千袋明清档案事。此七千麻袋档案，本是马邻冀时代由历史博物馆卖出，北大所得，乃一甚小部分，其大部分即此七千袋。李盛铎以万八千元自罗振玉手中买回，月出三十元租一房以储之。其中无尽宝藏，明清历史、私家记载，究竟见闻有限；官书则历朝改换，全靠不住。政治实情，全在此档案中也。且明末清初，言多忌讳，官书不信，私人揣测失实。而神、光诸宗时代，御虏诸政，《明史》均阙。此后《明史》改修，《清史》编纂，此为第一种有价值之材料。罗振玉稍整理了两册，刊于东方学会，即为日本、法国学者所深美，其价值重大可想也。去年冬，满铁公司将此件订好买约，以马叔平（按：马衡字叔平）诸先生之大闹而未出境。李盛铎切欲急卖，且租房漏雨，麻袋受影响，如不再买来保存，恐归损失。今春叔平先生致函斯年设法，斯年遂于季（指戴季陶）、骝（指朱家骅）两公商之，云买，而付不出款，遂又与燕京买去之议。昨日适之、寅恪两先生谈，坚谓此事如任其失落，实文化学术上之大损失，《明史》《清史》恐因而搁笔，且亦国家甚不荣誉之事也。拟请先生设法，以大学院名义买下，送赠中央研究院，为一种 Donation，然后由中央研究院责成历史语言研究所整理之。

蔡元培收到傅斯年的信后，便致函杨杏佛，商议购买事宜。1928年12月，史语所派员至北平，由马衡介绍，找李盛铎洽谈，后又与陈寅恪、李宗侗出面办理。1929年3月，陈寅恪致信傅斯年，说已向李盛铎预付定金，并说由罗振玉清理印出之史料乃其中之极少数，其余并未开包。最后，中央研究院买下了这批档案，交由史语所进行整理。蔡元培在叙述这次购买档案时说："公家旧物仍归公家，其中损失已经不可计数了，但毕竟大部分依旧归到公家，还是痛定后差可安慰的事。这次买回在本院历史语言研究所具有甚大的决心，牺牲了甚多其他工作，然后成就。"由此可知，当时办成此事，实在很不容易。

1929年春天，傅斯年领导历史语言研究所主要部分迁往北平，以便对大内档案整理和安阳殷墟挖掘就近指挥，傅斯年本人也开始长住北平。9月，傅斯年与陈寅恪筹划成立了历史语言研究所明清史料编刊会，除傅、陈二人外，聘史学大家朱希祖、陈垣以及徐中舒为编刊委员，另聘一些专业人员，对档案进行系统整理、分类、编目。

当初的整理是在极其艰苦的环境中进行的。史语所学人每天要在浓雾般的灰尘中工作八小时，把堆积如山的"烂纸"一张一页地铺平、分类，重新包扎。包好之后再根据档案的外形，作一简单的分类，如红本、揭帖、移会、誊黄、贺表、簿册、杂稿等等。分类之后，加以捆扎，分别收藏。其中重要而又破碎的档案，随时拼接装裱。在整理档案的过程中，傅斯年指示："凡已经整理出来的史料无论如何破烂，我们决不能使其毁在我们手中……我们晓得我们如果稍一疏忽，就有许多重要的史料，将被永远埋没。"当时从事大内残余档案整理的工作人员，是遵照这一指示进行的。有许多重要的档案史料，在辗转迁徙中已成碎片，稍不重视，就可能被当作废纸抛弃。经工作人员细心地按纸质、纸色、纸的裂纹，字体相同、辞意连属者进行拼合，往往数十张碎片缀合成一份完整的文件。

傅斯年为了使档案的整理工作能够顺利进行，特订立了十二条严格的工作规则。其中规定："午息时间，上午九时四十分至十点，下午三点至三点二十分，每次计休息二十分钟，地点在工作室外走廊。所有应用早点或吸烟吃茶以及上厕所等事，俱在休息时间内为之"；"在进入工作室时，其工作室大门，由管理人员将锁锁上，一切工作人员不得随意出入，并不得在室内有交头接耳或谈话行为"；"迟到或请假，都要扣除薪资，迟到五分钟，罚金按一小时计算"。这些严格的规定保证了工作的高效率。罗振玉根据自己的经验预言：二十五人至少需要四年才能完成。而大库档案的初步整理，自1929年9月开始，至1930年9月30日完工，仅用了一年时间，速度之快超出了人们的意料。

傅斯年深知档案与其他东西不同，很容易毁坏，因此他决定将一些重要的、比较完整的先行刊布，取名《明清史料》。首次印行者称之为"甲编"，共有十册；1936年出版乙编、丙编各十册。抗日战争爆发后，档案的整理、出版工作均告停顿。抗日战争胜利后，丁编十册的编目内容已经选定，但因时局动荡，迟迟未能付印。1951年由中国科学院整理后，交商务印书馆刊印面世。傅斯年在世时共整理出以上四编。史语所后人秉承傅斯年遗志，至1975年已陆续出齐戊、己、庚、辛、壬、癸六编。台北史语所又将藏清代内阁大库档案以"明清档案"为名继续出版，此汇编于1986年1月开始出版，到1990年8月已出版二百八十八册，约六千万字。按计划全书总数将达一千五百册左右，预计要用三十年左右的时间才能出齐。

数十年来，明清大内档案的整理面世，为明清史研究提供了大量原始资料，推动了明清史研究的不断深入。从某种意义上说，明清大内档案的购买、整理、刊发，是傅斯年领导的历史语言研究所对中国历史研究尤其是明清史研究的一大贡献。

第 3 章

学林霸才

　　傅斯年学贯中西，识见渊博精深，他接受德国史学大师朗克实证主义史学思想，结合中国明清朴学家的研究方法，创建了史料学派，提倡史学研究必须重视史料的收集和整理。与此同时，傅斯年身体力行，积极实践其学术理论，在中国上古史研究中取得开创性的成就。

一、史料学派的主帅

学术渊源

　　傅斯年学术思想的形成，既是对传统思想的批判继承，又是对西方思想的借鉴和吸收，可以说是中西结合的产物。

　　傅斯年在北大读书时，由于自幼受到系统的中国学术思想的教育，加上北大国学大师们的浸润诱掖，传统考据学比较受他的青睐。他盛赞清代朴学是客观的、归纳的、经验的、怀疑的学问，"很有点科学的意味，用的都是科学的方法"，认为有些学问"非借朴学家的方法和精神做不可"。他重视史料整理，认定中国的人类学、考古学、社会学、语言学等材料十分丰富，在世界上占有重要的地位。同时他也开始接受西方舶来的政治、伦理思想，而对他的学术思想取向产生巨大影响的是胡适。应该说，无论在知识取向上，还是在治学方法上，胡适均堪称傅斯年的启蒙导师。胡适对于学术研究曾指出："他（指研究者）可以不动笔，但他不能不动手动脚，去创造那逼出证据的境地与机会"，"只因为纸上的材料不但有限，并且在那个'古'字底下罩着许多浅陋幼稚愚妄的胡说"。研究语言、音韵，除"文字的材料之外，还要实地考察各国各地的方言和人身发音的器官。由实地的考察，归纳成种种通则，故能成为有系统的科学"，"有几分材料，说几分话"。这些思想，日后都变成了傅斯年和史语所行动的纲领。

　　傅斯年的学术思想在中华学术的沃土上萌生、成长，受到西方学术思想的雨露浸润而发展成熟。如果说在留学过程中，傅斯年企图通过对自然科学知识的广泛涉猎，为科学治史作方法上的准备，那么对他的"史学就是史料学"观点形成具有直接关系的则是朗克学派的实证主义史学。朗克认为，一切历史著作都是不可靠的，要明白历史的真相，只有穷本溯源，研究原始资料。他主张从语言文字入手，追寻史料的来源，鉴别史料的真伪；认为当事人或目击者提供的证据是最珍贵的，档案、古物一类的原始资料，乃是历史的瑰宝。治史者要持"不偏不倚"的态度，让史料本身来说话，只有这样，历史学才能变成科学。朗克学派的观点与中国乾嘉考据学的治史宗旨、方法有许多相通之处。

　　经过长期的求索，傅斯年终于找到了西方学术与中国传统学术的联结点，求得了西方学术对中国传统学术的认同。于是，他决心将西方的学术理论移植于中华传统学术的沃土中，建设中国新的史料考据学。据在史语所工作过的学者说，傅斯年刚从欧洲回国时，曾宣称要建设中国的朗克学派。后来有人讥讽傅斯年的史学理论是拾朗克学派的牙慧，也有人说以傅斯年为代表的史料学派是"兰克（即朗克）学派在中国的分支"。这样的断语是否准确姑且不论，傅斯年的学术思想深受朗克学派的影响则是显而易见、无可置疑的。

"史学只是史料学"

傅斯年的史料学思想主要体现在《中国古代文学史讲义·史料论略》（1928）、《历史语言研究所工作之旨趣》（1928）、《史学方法导论·史料论略》（1931）、《中西史学观点之变迁》（1931）、《〈史料与史学〉发刊词》（1943）等文著中。

他在起草的《历史语言研究所工作之旨趣》中陈述了建立史语所的宗旨、目的和研究方法。他认为中国广阔的土地上存在大量的历史和语言的研究资料，这些资料"欧洲人求之尚难得，我们却坐看它毁坏亡失。我们着实不满这个状态，着实不服气就是物质的原料以外，即便学问的原料，也被欧洲人搬了去乃至偷了去"。建立历史语言研究所，就是团结和组织一批学者，进行集众的研究，运用新的科学方法研究丰富的资料，取得影响世界的成就，"要科学的东方学之正统在中国"。

傅斯年在学术研究的实践中始终坚持他在《历史语言研究所工作之旨趣》中的宗旨和原则，特别强调历史学、语言学研究要重视资料的收集和整理。他曾概括史语所的学术研究宗旨和方法，就是利用一切手段寻求新资料，"上穷碧落下黄泉，动手动脚找东西"，通过对各种资料的整理和研究，取得实事求是的成果。寻求新资料与取得研究成果的关系是"一分材料出一分货，十分材料出十分货，没有材料便不出货"，由此产生了史料学派，而傅斯年本人也被认为是史料学派的代表人物。

"史学只是史料学"的思想内涵，主要包括以下几个方面。

其一，"史学的对象是史料"，这是"史学只是史料学"的第一要义。他说：史学的对象是史料，不是文辞，不是伦理，不是神学，并且不是社会学。历史这个东西，不是抽象，不是空谈……历史的对象是史料。离开史料，也许可以成为很好的哲学与文学，究其实与历史无关。

傅斯年"史学只是史料学"的思想首先将史论和历史哲学从史学中排斥出去。将历史哲学和史论看作空发议论的学问，这是傅斯年将历史哲学和史论从史学中排斥出去的主要原因。他在《历史语言研究所工作之旨趣》中说"发挥历史哲学和语言的泛想""不是研究的工作"。他在《性命古训辨证》中也说："历史无定例，天演非一途。故论史宜乎不可必，不可固也。"在他看来，人们只能认识历史上的某些具体事物，研究历史上的某些具体现象，如果硬要取得一种规律性的认识，那必然是加入了个人的主观因素，必然失去客观性和科学性，这与他心目中的"科学的历史学"便格格不入了。所以他要将那些研究普遍规律、探求历史必然性的历史哲学和史论逐出科学史学的领域之外。那么史学这个概念中就只剩下可以使用科学方法的史料处置学，于是他便顺理成章地作出"史学只是史料学"的结论。

其二，"扩张研究的材料"，是"史学只是史料学"的第二要义。傅斯年强调史料的扩充是史学进步最重要的因素，他在《历史语言研究所工作之旨趣》中把扩张研究的材料作为学术进步的三个条件之一，就是基于此认识而提出的。他说，从司马迁到司马光，中国的史学之所以不断进步，那是因为他们能够使用各种各样的材料，"地方上求材料，刻文上抄材料，档库中出材料，传说中辨材料"。后来中国的史学所以不再进步，则是由于史料没有扩充的缘故，而今放着许多文物档案资料不加搜集整理，任其失散毁灭，却纷纷侈谈整理国故、保存国粹，这是无助于史学进步的。要扩充史料，关键在于突破文献记载的樊篱，利用自然科学提供的工具，"整理一切可逢着的史料"。

傅斯年强调全面搜集各种各样的材料，特别是搜集新材料。近代以来西方学术所以发展，是因为他们不仅仅依靠文献的记载，而是"动手动脚找新材料，随时扩大旧范围"；中国的史学要想进步，也必须在这方面寻求出路。

其三，"史学的工作是整理史料"，这是"史学只是史料学"的又一要义，是傅斯年对于"史料"与"史学"关系的基本限定。他在《史学方法导论》中说：史学的工作是整理史料，不是作艺术的建设，不是作疏通的事业，不是去扶持或推倒这个运动或那个主义。怎样整理史料呢？傅斯年强调要有客观的态度和实事求是的精神。他说：使用史料第一要注意的事，是要问某种史料给我们多少知识，这知识有多少可信，一件史料的价值便以这一层为断，此外不可把我们的主观价值论放进去。

又说：我们反对疏通，我们只是要把史料整理好，则事实自然很明显了。两件事实之间，隔着一大段，把它们联络起来的一切设想，自然有些也是可以容许的，但推论是危险的事，以假设可能为当然是不诚信的事，所以我们存而不补，这是我们对于材料的态度；我们证而不疏，这是我们处置材料的手段。材料之内使它发现无遗，材料之外一点也不越过去说。

其四，史学的基本性质，是如同自然科学一样纯客观的科学。傅斯年在史语所 1928 年度工作报告中指出，史语所之所以设立，就是要使历史学"以成与各自然科学同列之事业"，"使之与天文、地质、物理、化学等同论"，"正是以自然科学看待历史语言之学"。因此，必须以纯客观的态度研治史学，而不能加以任何主观成分。这种史学纯以史料为研究对象，对于材料的态度是"存而不补"，处置材料的态度是"证而不疏"，历史学就是通过史料探寻整理出一个一个或大或小的事实。至于把这些事实联系起来的想法，傅斯年实际上是不赞成以至反对这样做的。他认为这样做是"推论"和"假设"，而推论是危险的事，至于历史过程及其运动规律，更是历史学无法也不必去探讨的。

"科学的方法"

傅斯年欧洲留学归国后，雄心勃勃地要实现"科学的东方学之正统在中国"，这就不能无视科学的方法。傅斯年在 1927 年写作的《中国古代文学史讲义》等一系列论著中对史学方法作过专门的讨论，在其他的史学论著中亦时有论及。归纳起来说，他所提倡和使用的史学方法主要有以下几种。

其一，"以科学的比较为手段，去处理不同的记载"。用比较的方法处理史料、研究史事，在我国有着悠久的历史。傅斯年继承中国历史比较研究的优良传统，借鉴西方比较文学、比较语言学的理论和方法，对于用比较方法治史料学的理论进行了全面的总结和系统的说明，同时将比较方法应用于其他史学领域，提出了不少有价值的见解。

傅斯年认为，比较的方法是处理史料最根本的、最重要的方法，"史学的方法是以科学的比较为手段，去处理不同的记载"，"史料学便是比较方法之应用"。他强调说："假如有人问我处理史料的方法，我们要回答说：第一是比较不同的史料，第二是比较不同的史料，第三还是比较不同的史料。"之所以使用比较的方法，他说历史事件虽然只有一次，但一个事件不尽然只有一个记载，所以这个事件在几种情形下，可以比较而得其近真；好几件事情又每每有相关联的地方，更可以比较而得其头绪。比较同一历史事件的不同记载，可以去伪存真；比较相关联的几件史事，可以厘清其相互关系。他将史料学的比较方法归纳为八对性质不同的史料对勘互证。

（1）直接史料对间接史料。所谓直接史料是指未经中间人修改、省略或转写的史料；而经过中间人修改、省略或转写的材料则是间接史料。直接史料是最可信的，间接史料则往往经过了后人的更改和增删。间接史料的讹误、不足、错乱，要靠直接史料去更正、弥补、整齐。直接史料固然重要，但间接史料的作用也不可忽视，因为直接史料有时是孤立的、零散的，必须靠间接史料"做个预备，做个轮廓，做个界落"。我们如果不先对间接史料下些功夫，有些直接史料的内容和意义就难以把握。

（2）官家的记载对民间的记载。大体说来，官书的记载关于年月、官职、地理等，"有簿可查有籍可录者"，常比私家的记载确实；而私家记载对一件事的来龙去脉及其内幕，能披露一些官书不能说或不敢说的东西。"官家的记载时而失之讳"，"私家的记载时而失之诬"，兼取二者之长而补其短，便可得到确实的史料。

（3）本国的记载对外国的记载。外国人之记他国的史事，多有讹传误记，但却"无所用其讳"，"比民间更民间"，能记下"本国每每忽略最习见同时却是最要紧的事"。研究边疆民族史，不可不注意外国的记载，研究中外关系史，不利用别国的史料更无从着手。

（4）近人的记载对远人的记载。除去特殊的情况之外，近人的记载比起远人的记载来，其史料价值总是要大些。

（5）不经意的记载对经意的记载。"记载时特别经意，固可使这记载格外信实，亦可使这记载格外不实。"不经意的记载常是乱七八糟，但有时却可保存些原始的材料。

（6）本事对旁涉。一般说来，本事是最重要的，旁涉似乎没多大关系，但有时旁涉能"露马脚"，使我们觉得事实并非如本事所说。他特别强调说：史学家应该最忌孤证，因为某个孤证若是来源有问题，岂不是全套议论都入了东洋大海呢？所以就旁涉中取孤证每每弄出"亡是公子""非有先生"来。然若旁涉中的证据不止一件，或者多了，也有很确切的事实发现了。

（7）直说对隐喻。凡事不便直说，但作者又很想说，便常用隐喻以暗示后人。而后人有时"神经过敏"，想得太多，或古人故作"迷阵""恶作剧"以欺后人，这是"史学中最危险的地域"。他特别强调对待隐喻要慎之又慎，不可轻易拿来解释历史：我们生在百千年后，要体会百千年前的曲喻，只可以玩弄聪明，却不可以补苴信史也。

（8）口说的史料对著文的史料。人们历来重视文字的记载，而忽视口说的材料，这是不应该的。其实有些文字的材料如笔记小说等是靠口说的材料写成的，性质与口说实无根本差异。口说的材料自有其缺陷，但也不可视为无用之物。口说的材料往往把年代、世系、地域弄得乱七八糟，但也有一些"精要的史事为之保留"，汉族典籍中所传的蒙古族源流就是一个明显的例证。

其二，"利用自然科学供给我们的一切工具"。 在北大读书时，傅斯年就已认识到自然科学发展对于社会科学进步起着重要的推动作用。在留学欧洲期间，他努力研习自然科学的许多课程，渴望学习更多自然科学知识，同时嗜读通论科学方法的书籍。傅斯年这么做，主要是想掌握西方自然科学的知识和方法，为研究人文诸学科打好基础，并拿它来治中国传统的学问。

史语所建立伊始，傅斯年就提出了该所研究工作的三条宗旨，其中一条就是"扩张研究的工具"。就历史学方面来说，即如何利用自然科学知识和方法的问题。傅斯年指出：利用自然科学供给我们的一切工具，整理一切可逢着的史料，所以近代史学所达到的范域，自地质学以至目下新闻纸，而史学外的达尔文论，正是历史方法的大成。接着他又作了更加详细的说明：现代的历史学研究，已经成了一个各种科学的方法之汇集。地质、地理、考古、生物、气象、天文等学，无一不供给研究历史问题者之工具。顾亭林研究历史事迹时自己观察地形，这意思虽然至好，但如果他能有我们现在可以向西洋人借来的一切自然科学的工具，成就岂不更卓越？若干历史学的问题非有自然科学之资助无从下手，无从解决。

这里所说的"利用自然科学之工具"研究历史，包含有两层意思。一是将自然科学的知识直接运用于史学研究，解决历史问题。他举例说，我们要想知道《春秋》是不是终于"获麟"，《左传》的后一段是不是刘歆伪作，可以算一算哀公十四年关于日食的记载是不是对的。如不对，自然是伪作；如对了，就说明和"获麟"之前的文字同出史书所记。再如要搞考古发掘，没有经过科学训练的人一铲子挖下去，不知要毁坏多少古物，而经过科学训练的人搞发掘，不仅能得到古器物，而且可以得知入土的时代，这常常比器物本身更有价值。他颇有感慨地说："古史学在现在之需要测量本领及地质气象常识，并不少于航海家。"二是将自然科学知识和方法引入史学领域，加以改造，使之成为史学方法。比如达尔文的进化论本来是生物学的方法，用于史学领域后，便成了"历史方法之大成"。统计学的方法本是一种数学的方法，引入史学领域后，便成为历史研究的方法。1925 年至 1926 年傅斯年在柏林大学所做的数学笔记中，记有不少关于统计和或然率方面的问题，他说"统计的观点，尤可节约我的文人习气，少排荡于两极端"；又说或然率的观念"在近代物理学尤表现威力，几将决定论取而代之。这个观念，在一般思想上有极要的施用"。他归国前夕写信给顾颉刚，对如何使用统计方法的问题进行了讨论。他同时强调说：研究历史要时时存着统计的观念，因为历史事实都是聚象事实。然而直接用起统计方法来，可须小心着，因为历史上所存的数目多是不大适用的。

应该说，傅斯年只是提出了用自然科学知识方法治历史学的口号，理论上还没有形成方法论体系，实践上也没有很大的建树。但是，早在二十世纪二三十年代，傅斯年就认识到社会、自然各学科在研究方法上的互相影响、互相渗透，提出自然科学的发展将推动人文学科的进步，号召人们利用自然科学的知识、方法治历史学，其远见卓识令人称许，其首倡之功不能抹杀。

二、历史研究

傅斯年从 1929 年开始着手写《民族与古代中国史》。由于时局动荡和公务繁忙，他先后撰写的主要章节，分别以《夷夏东西说》《姜原》《周东封与殷遗民》《大东小东说——兼论鲁、燕、齐初封在成周东南后乃东迁》《论所谓五等爵》等为题目，以论文形式发表。2002年，其学生、著名历史学家何兹全对这些论文进行系统整理，以傅斯年生前所定书名出版面世。

傅斯年撰写该书的主旨是用文字资料和考古资料相结合的方法，论证中国上古时代族群的分布、发展和融合。其基本脉络是在中国上古时期，长江以北适合人类生存的两大地区，东部平原和西部高原，"人类的住家不能不依自然形势，所以在东部平原中好择高出平地的地方住，因而古代东方地名多叫作丘。在西高地系中好择接近水流的平坦地住，因而古代西方地名多叫作原"。在西部地区夏首先兴起，东部平原地区南部生活着诸夷部落，平原北部环渤海周围生活着殷人祖先，殷人强盛后灭夏建立了商政权。在这片大地中，地理的形势只有东西之分，并无南北之限。从氏族部落到夏商周三代，始终存在东西对峙的族群和社会政治组织。东西对峙不是固守一方，而是因争斗而逐步融合。傅斯年曾对此总结说："东西二元局势，自非混合不可，于是起于东者，逆流压迫西方，起于西者，顺流而压迫东方。东西对峙，而相争相灭，便是中国的三代史，在夏之夷夏之争，夷东而夏西。在商之夏商之争，商东而夏西，在周之建立，商奄东而周人西。"在夏商周三代，从总体来说，就是在东西对峙的大局面下政治、经济、文化不断地融合。这种对峙和融合一直延续到两汉时期，"不过两汉时，东西的混合已很深了，对峙的形势自然不如三代时之明了，到了东汉，长江流域才普遍地发达"。傅斯年的《夷夏东西说》系统揭示了先秦东西二元对峙、不断斗争融合的发展大势，对后来的中国上古史研究产生了深刻的影响。他的这一中国上古东西两大族群对峙发展的理论得到学术界的逐步认可，"成为一个解释整个中国大陆古史的一把总钥匙"。

傅斯年《民族与古代中国史》系列论文，对中国上古时期文化的演进也进行了系统论述。其基本理念是：东部平原地区是中国传统文化的主要渊源。在夏统治时期，殷人主要生活在华东大平原的北部环渤海地区，夷人则活动于大平原的南部，其代表人物太皥、少皥、伯益等对中华传统文化发展有重大贡献。后来殷人强盛而逐步统一整个东部并向西发展，灭夏建立商政权，统治中国六百多年，形成了所谓殷商文化。在殷商统治的后期，周人在西方兴起，灭商建立周王朝。殷商遗民在周统治下得以延续，文化得以继续存在和发展。傅斯年对上古时期历史文化演变的研究和阐释符合历史文化规律，使许多历史文化概念和现象得出了科学解答。例如《论语·先进》说："子曰：先进于礼乐，野人也；后进于礼乐，君子也。如用之，则吾从先进。"过去经学注疏对此句话解释为"皆迂曲不可通"。傅斯年的解释是："那些先到了开化程度的，是乡下人；那些后到了开化程度的，是上等人。如问我何所取，则我是站在先开化的乡下人一边的。先开化的乡下人自然是殷遗，后开化的上等人自然是周宗姓婚姻了。"周人兴起后灭商成为统治者，没有把殷人全部杀掉，而是将周东方地域分封，同时将殷商遗民分封给各诸侯，如鲁国伯禽受封殷民六族，康叔受封殷民七族，他们就封时将殷遗民安置于城外"野地"，而这些遗民接受礼乐文化要早于周贵族，先开化的乡下人自然是殷遗民，后开化的上等人自然是周宗室贵族。傅斯年关于先秦族群、文化的研究对当时学术界产生了重要影响，胡适曾多次叙述他撰写的《说儒》等论文深受傅斯年古代文化理论的影响。后代研究中国古代史的许多学者都服膺傅斯年的这一理论观点。

另外，傅斯年的《民族与古代中国史》对中华民族的起源、形成、发展进行了初步探索，并在以后的研究中继续发展中华民族多源一体的理念。如论述殷人发源地在渤海周围，"相土烈烈，海外有截"，相土是商代甚早之先王，海外即指渤海。傅斯年认定其根据地必去渤海不远。傅斯年得出的结论是："直接史料与间接史料相互参考，均揭示我们商起于东北，此一说谓之为已经证成可也。"其强盛后向南发展，抚有诸夷部落，率领夷人向西发展，灭夏建立殷商政权。"纣殁后，殷人以亡国之余，犹得凭箕子以保朝鲜。"他用大量资料证明"殷代祖先起自东北方向"。正当傅斯年撰写此书时，日寇在东北发动"九一八"事变，占领东北地区，并宣扬东北地区并非中国领土。傅斯年为驳斥日人谬论，特地撰写《东北史纲》，在书中特别强调其先秦部分的材料多出于《民族与古代中国史》。在以后的时论和文章中，他多次阐述中华民族多源一体理论，先秦中国各地有些不同的民族，经过殷周两代政治文化发展，大一统思想深入人心，秦汉以后成为一体的具有高度向心力和凝聚力的中华民族。所以说傅斯年的《民族与古代中国史》对民族的研究和阐述也有较大的影响。

傅斯年的《民族与古代中国史》虽然没有成书出版，但在当时和后世都产生了重大影响，研究中国上古史的专家学者都给予高度评价。陈槃评论说："孟真先生曾拟作《古代中国与民族》一书，遗稿已成大半，尚未整理。这是一个伟大的著作，差不多牵涉到全部中国的古代历史，所以孟真先生对于古代中国历史的材料搜集也特别多，并且他随时有宝贵的意见。"

傅斯年《民族与古代中国史》的主要章节以论文形式先后于历史语言研究所集刊发表，多数文章在发表时曾说明是该书的具体章节和写作时间，并在 1931 年至 1934 年几次将该书列入历史语言研究所的整理和出版计划，因环境局势不允许而未实现。2002 年，何兹全先生整理编辑成书，以"傅斯年著"的名义出版，并在前言中对傅斯年该书的写作过程、学术价值等进行了介绍，使该书在写作七十年后以本来面目面世，也可以说是学术出版界的一段佳话。2004 年，欧阳哲生搜集、整理傅斯年著述，在大陆出版了《傅斯年全集》，在前言中对傅斯年中国古代史研究的成就及该书的学术价值进行了介绍和评论，使后人对傅氏学术成就的价值又有了更多的了解。

三、跨学科综合研究

20 世纪 30 年代后期出版的《性命古训辨证》是傅斯年对研究中国古代语言文学、历史学及思想史等多学科综合研究的学术结晶，也是傅斯年学术研究的又一代表。

傅斯年在引语中强调：本书研究方法是借用西方学术理论，"以语言学的观点解释一个思想史的问题"，"以语言学之立点，解决哲学史之问题"。全书以清代阮元《性命古训》为基点，运用考古资料与文字记载中的生、性、令、命等字，从释字、释义到释绪，以语言学的观点解决思想史研究中的问题。

在这部书的上卷中，他将周代金文和《尚书·周诰》《诗经》《左传》《国语》《孟子》《荀子》《吕氏春秋》中的生、性、令、命四字进行了全面统计、排比，而后分析研究，所作结论是：

> 独立之性字先秦遗文所无，先秦遗文中皆用生字
> 为之。至于生字之含义，在金文及《诗》《书》中，

并无后人所谓性之一义，而皆属于生之本义。后人所谓性者，其字义自《论语》始有之，然犹去生之本意为近。至《孟子》，此一义始充分发展。令之一字自古有之，不知其朔。命之一字，作始于西周中叶，盛用于西周晚期，与令字仅为一文之异形。其"天命"一义虽肇端甚早，然天命之命与王命之命在字义上亦无分别。

此书上卷重在解释性、命二字的字义及其演变，一般不涉及思想方面的问题。中卷主要讨论西周初期至战国时期的天道、人性观念，其中尤以儒家各派与墨家为重点。傅斯年认为，远古时代人们以自然、自然力或祖先为崇拜对象，并没有产生抽象的皇天观念。经过了"甚多政治的、社会的、思想的变化"以后，才由宗神演进为上帝，由不相干的群神演进为皇天的系统。殷人最初只有单称的帝，后来先王等也冠以帝字。为了将天帝与祖先之帝加以区别，乃在单称的上天之帝前面加上一个"上"字曰"上帝"。后来周人继承殷商文化，把殷人的上帝置于其宗神之上。经过这番转移，上帝便成为一普遍的观念，"无偏无常"，"其命无常"，完全失去了宗神性。

当西周全盛时，王庭中有这样一种人，他们上承夏商文化之传统，下启文化转变、思想发展之端绪，在王迹赫赫时，他们不过为王朝典守文献、增助文华，等到王纲不振时，这些人的地位便渐渐提高了。宗周既灭，他们散往各国，得到发挥才智的场所，于是异说纷出。东周的天命论，便是他们讨论的大题目。大体说来，当时出现了五种不同的天命论。

（1）命定论，以为天命固定，不可改易，此观念源于民间。

（2）命正论，以为天眷无常，天根据人的行为善恶以降福祸，这是周人的正统思想。

（3）俟命论，承认天福善祸恶，但认为天有时亦不按此原则行事，此说流露出非宗教的道德思想趋向。

（4）命运论，此说自命定论出而更有理性色彩，它源于民间迷信，至邹衍创立五德终始之论，乃形成复杂的系统。

（5）非命论，此论自命正论出，而更变本加厉，墨家持此说。

傅斯年明确指出，西周与战国是两个完全不同的时代，介于二者之间的春秋时期是一个转变的时期，一个充满矛盾的时期。在这个时期，旧观念尚未完全破除，新思想已在萌生之中，对于天人关系的看法也是如此。

春秋时期的社会变动在孔子思想中有明显反映。孔子一方面继承了传统的天命观，认为天有意志，具有极强的命定论色彩。他说："孔子之天命观念，一如西周之传说，春秋之世俗，非有新界说在其中也。孔子所谓天命，指天之意志，决定人事成败吉凶祸福者，其命定论之色彩不少。方其壮年，以为天生德于予，庶几其为东周也。及岁过中年，所如辄不合，乃深感天下事有不可以人力必成者，乃以知天命为君子之德。颜回、司马牛早逝，则归之于命；公伯寮、桓魋见谋，则归之于命；凤鸟不至，而西狩获麟，遂叹道之穷矣。在后人名之曰时，曰会合，在今人名之曰机会者，在孔子时尚不用此等自然名词，仍本之传统，名之曰天命。孔子之所谓天命……即吉凶祸福成败也。"另一方面，孔子的天命观又增添了命正论的成分，调和而成俟命论，即修德以俟天命。他说："孔子之言天道，虽命定论之色彩不少，要非完全之命定论，而为命定论与命正论之调和。故曰：'一日克己复礼，天下归人焉。'又曰：'知我者其天乎！'夫得失不系乎善恶而天命为前定者，极端命定论之说也。善则必得天眷，不善则必遭天殃，极端命正论之说也。后说孔子以为盖不尽信，前说孔子以为盖无可取，其归宿必至于俟命论。所谓俟命论者，谓修德以俟天命也。凡事求其在我，而不择其成败于天，故曰'不怨天'，尽人事而听天命焉，故曰'丘之祷久矣'。"

孔子的人性论中也充满着矛盾，孔子以前的学者以为人生来就因族类、等级不同而其性亦不同，到了孟子则提出人生来皆具善性，圣人善于扩充善性，后来才与常人有异。孔子介于二者之间，一方面说人生来性相近，因习染而相远；另一方面又说人有上智下愚之分，有生而知之与学而知之之差别。傅斯年说："孔子以为人之生也相近，因习染而相远，足证其走上普遍论的人性说已远矣，然犹未至其极也。故设上智下愚之例外，生而知，学而知，困而学之等差，犹以为氓氓众生，所生之凭借下，不足以语以智慧，女子小人未有中上之素修，乃为难养，此其与孟子之性善论迥不侔矣。"

孟子从反墨学的立场出发阐扬儒学，比孔子更近于泛神论和自然神论，更少宗教色彩。他在性格、言谈、逻辑方面皆非孔子正传，立意常与《论语》相悖。他喜谈人性，首创性善说，认为仁义礼智皆是生来就有的禀赋，扩充之则为善，否则，为外物所累则为恶。他强调内心修养，不重力学，与孔子的人性说、教育论是不同的。孟子也谈命、天命，但他说的天命含有义、则的意义。他有时将性、命二字连贯使用，视天命与人性为一事，"谓性中有命，命中有性，犹言天道人道一也，内外之辩妄也"。其思想是泛神论的、半自然论的、人本主义的。他用人道解天道，使得儒家思想前进了一大步。

荀子持性恶说，认为人之生也本恶，其所以至善者，人为之功也。这就等于说，历代圣贤皆学问而得，力行所致，如从其本性自然发展，则只能归于恶而无法达到善。这种理论虽难自圆其说，但从逻辑方面看远在孟子性善说之上，与孔子的人性说较为接近，尤其是由此引发的力学论，更与孟子相违而得孔子正传。在天道观方面，荀子超越孔、孟故域，另辟蹊径，提出无神论的思想。他评价荀子之学是"一面直返孔子之旧，一面援法而入以成儒家之新"。

《性命古训辨证》下卷重在分析西汉至宋元期间儒学的性命理论，探讨宋学的源流，重新评价宋学的地位。傅斯年说，先秦儒家谈性、命皆分别言之，命指天命，即所谓吉凶福祸者；性指人之禀赋，即所谓善恶质材者。孟子虽将二字相连使用，但并没有作为一个名词。将性命作为一个名词，始见于汉人著述如《乐记》《中庸》中，而这里所谓性命，意义与先秦的性字同，而不含天命的意思。汉儒人性说的特点为善恶二元论，最先发挥这种观点的是《春秋繁露》，其说多出自《荀子》，兼取《告子》。董仲舒以人副天数为立论之本：天具阴阳，故人性必兼善恶，由阴阳家的天道二元论推演出人性二元论。此后，许慎、郑玄、《白虎通义》及种种纬书皆据此发挥，于是此说成为汉代四百年间人性论的正统。汉代的通人硕儒对性二元论亦有异议，刘向的性情相应说，扬雄的善恶混说，王充的性三品说，荀悦的性情相应兼三品说，对此正统人性说皆提出批评，他们都想返回到孟、荀性论分途之前，而以孔子品差的性论为依据取代汉代的性二元论。

傅斯年指出自晚周至魏晋，人性论的发展经历了三个阶段。晚周为分驰时代，性善性恶之辩由此产生；西汉至东汉初年为综合时代，百家合流，异说杂糅，性二元论最盛行；东汉至魏晋为净化时代，人智复明，拘说迂论渐以廓清，性三品说渐渐取代了性二元论。

在对宋学的认识上，傅斯年认为宋学的陆王学派即心学，其源流始自孟子。他说："有孟子，而后有《乐记》《中庸》之内本论；有《乐记》《中庸》之内本论，而后有李翱、有陆王、有二程。虽或青出于蓝，冰寒于水，其为一线上之发展则无疑也。"傅斯年还指出了清代汉学家攻击程朱的不公之处，首先从清代汉学家的立场上讲，他们更接近程朱而非孟子；其次他们既然攻击了程朱，却又以《孟子字义疏证》命其书，自己却不知持论恰与孟子相反。

总之，《性命古训辨证》这部巨著从一个全新的角度对上古到宋元以来的思想发展史，以儒学为主线作了阐释，在史学领域中具有开拓意义。该书出版后在学术界产生了较大的影响。张政烺读了《性命古训辨证》书稿后，赞叹道："数千年儒学精蕴所在，竟使原委条贯，豁然大白于今日，诚快事哉！"赵纪彬也说此书"穷究天人之际，通论思想之变，溥溥渊源，精义时出，实有美不胜收之慨"。但是该书写作于抗日战争全面爆发前后，时局动荡，行处不定，难以进行系统周密之论证，前后有许多差异，被后人讥为"虎头蛇尾"，不过正如后人所评论的："在思想史方法论上化旧为新的开路功绩，无论如何皆不容抹杀。"

四、古文化研究

傅斯年注重搜集新材料，也十分注重研究传统的材料即古代文化典籍。先秦秦汉时期的典籍问题甚多，流传过程中之脱漏讹错、后学改篡且不说，仅是某些书籍的作者、成书年代问题，已足令学者们伤尽脑筋，因为一旦把年代搞错，则研究结果之价值将大打折扣。故先秦秦汉古籍之年代考证，向来为治史者所普遍重视，傅斯年亦是如此。他在大学里曾专门开设过古籍研究类课程，传世的讲义主要有《〈诗经〉讲义稿》，在《历史语言研究所集刊》上也发表过几篇研究古籍的文章，其余学术论著中也时常论及某些古籍的内容、价值、篇式、作者、成书年代等问题。今择其重要者评述如下：

《诗经》是傅斯年着力考证的一部文献。关于《诗经》产生的年代，傅斯年认为雅、颂有不少西周的诗，其中无韵的颂产生得最早，但颂不全是西周的诗，有些产生较晚，大体说"诗三百之时代一部分在西周之下半，一部分在春秋之初期中期"。

关于《诗经》的分类及各类名称的来源，傅斯年考证后认为：《诗经》原来都是以地域分类的。"风"原非一部类的名称。"风"起初泛指歌词，诵之则曰讽，风、讽本为一字，并无讽刺之意，到春秋战国时有人把一种含有寓意的诗乃至辞章称作"风"，于是将讽刺的观念引入以解诗。约到战国末，人们将含有讽刺意义的诗归为一类而命名曰"风"了。"雅"汉儒皆训为正，此乃引申之义，其本意为"夏"，夏即指中国，所谓"大雅""小雅"，均是以地域将《诗经》分类的。"颂"可训为容，其诗为舞诗。

《诗经》的"雅""颂"中主要内容有两个，一是颂美文武，二是称道南国。西周历数百年，而诗篇的年代分布为什么这样不均匀？为什么南国的分量那样重？傅斯年认为，西周亡后，王室保存的诗散佚，流传到今天的诗一部分来自鲁，这是颂美文武的诗；另一部分来自南国，也就是称道南国的那些诗。西周之初开辟了成周以南、江汉以北的地区，由王室直接管辖，当时人称此地为南国。分封诸侯之后，由召公管辖的地区叫召南。后来这里的文化逐渐发达，且有地方特色。西周之末，王室所存之诗遭兵燹，南国未经战争，保存下来的较多。鲁乃周文化的东方大本营，南国亡于楚，"周礼尽在鲁矣"，故鲁地保存的诗书最多。到汉初，传诗书的大都是齐鲁之士。

傅斯年认为，"大雅""小雅"中那些耀武扬威的诗，分别产生于宣王、厉王、夷王时，《毛诗序》之所以把这些诗都加到宣王的头上，是因为太看重诗的流传次序了。其实今日所见诗之次序是绝不可靠的。小雅中一切歌乐、祝福之诗，都被后人看作刺幽王的诗，也是这个缘故。此外他对大雅的类别，大小雅的同异，雅与风在文体上的差别也作了简要的考证与说明。

在孔子与《诗》的关系上，傅斯年认为，孔子删《诗》说"乃汉儒造作之论"。其原因在于孔子删《诗》与《论语》记载不合。删《诗》说记载最详者莫如《史记》："古者诗三千余篇，及至孔子，去其重，取可施于礼义，上采契后稷，中述殷周之盛，至幽厉之缺，始于衽席，三百五篇，孔子皆弦歌之，以求和韶武雅颂之音，礼乐自此可得而述。"傅斯年认为，"这话和《论语》本身显然不合"，因为"诗三百"一词《论语》中数见，如果孔子把三千篇《诗》删为三百篇，他不会把"诗三百"这个词用得这么现成。

从孟子开始，《诗》超越了孔子的"小学教育"而进入儒家的政治哲学。战国秦汉之际，这部"绝美的文学书成了一部庞大的伦理学"。汉代又有人把它当作谏书，这虽然引出了诗义解释上的许多谬说，但对《诗经》的流传却很有益处。后来齐、鲁、韩三家诗亡佚，是因其政治哲学味太重。毛诗素朴，与古文经相互发明，故借其势得以伸张。东汉大儒舍家学而就通学，不满三家诗之孤陋寡闻而取毛诗。六朝到唐，学人讲诗无多可取之处，宋代古文学复兴，人们大胆去想，产生了许多新观点。朱熹拿《诗经》的本意解诗，于是以前的一切美化附会之说扫地以尽，诗的文学作用复显露出来。由于时代所限，"他走着最是的路，偏又不敢尽量地走去"。清代学者对《诗经》的贡献，一是古韵，二是训诂。自陈第、顾炎武建立系统的古韵学后，各家继起，发明甚多。训诂方面，戴、段、二王虽不专治诗，但在毛诗训解上贡献甚大，还有一些专治诗的二流学者也很有成绩。不过清人所得新材料不多，旧材料又太紊乱，因而在许多问题上聚讼纷纭，得不出结论。而且对于诗的作用认识过于泥古，反不及宋人。他提出研究《诗经》的原则是：在《诗经》本文中求诗义，不管经书所载还是近儒之说，皆须以本文衡量，与本文合者从之，不合者舍之；声音、训诂、语词、名物之学乃经学的根基，须继承前人的研究成果而继续提高。

在《中国古代史讲义》中，傅斯年对《礼记》的部分篇章也进行了研究。他认为《檀弓》是《礼记》中最早之篇，"里面找不到一点秦汉的痕迹来"。它大约成书于孔门七十子之后、荀子之前，其中保存有战国儒家的可贵史料。《曲礼》中的材料大部分是先秦的，或者在春秋战国之交，其史料价值甚大，但有的地方混入了秦汉间方士的言论。

《礼记》中成于汉代的篇章很多，如《王制》中的制度与《孟子》《周礼》均不一样，且十分刻板，纯属一种政治的理想，故不可能产生于战国，而与汉初儒家的思想大体相合，当如东汉卢植所说为文帝时博士所作。《礼记》中的《月令》是汉初儒术与阴阳合糅的一个好例证。《文王世子》是汉代的作品，可能是太子或诸侯王之师傅所作。《礼运》由几个不同的小节拼凑而成，好几处有反复、颠倒的痕迹，且杂有黄老、刑名之旨，不是纯粹儒家的话，乃汉初儒道两种思想的混合物。《学记》乃汉初儒者论教育及学习方法的作品，从中可以看出儒者的生活状态。《乐记》是汉儒集合战国、汉初儒者论乐之文贯串起来写成的。《解经》《哀公问》《仲尼燕居》《孔子闲居》几篇与《荀子》有相证处，很可能是汉初儒者"述而兼作之言"。《儒行》篇中言儒服儒冠受之自然而不敢指斥那些毁笑儒服的人，恐怕是汉初儒者感到苦痛而自解之词，哀公就是指刘邦。

傅斯年说，文籍上起初并没有《大戴礼记》《小戴礼记》之分，直到东汉马融、郑玄才将其分开。小戴所传四十九篇即今之《礼记》，而大戴所传八十五篇约亡于汉魏之际，它是什么样子今已不可考知。今天见到的《大戴礼记》内容十分驳杂，其与《荀子》《小戴礼记》《汉书·贾谊传》《孔子家语》中的某些内容相合，大概是魏晋时《礼记》盛行之后，想自立门户的人将史书、子家、杂记抄缀而成。但是这部书中保存了许多珍贵的材料，我们不能轻视它的史料价值。他还认为，与《礼记》关系最密切的子家不是孟子，而是荀子，研究《礼记》是不能不参考《荀子》的。

《诗经》《礼记》之外，《中庸》《大学》也是傅斯年着力考证的儒家经典。傅斯年认为《中庸》由三个部分组成。第一部分从"仲尼曰：君子中庸，小人反中庸"到"子曰：父母其顺矣乎"，这段话里面的"中庸"是"两端之中，庸常之道"，反映了"中间阶级的世家人生观"。它不谈怪异而大谈人的修养，不谈大题目而论家庭间的事，显然产生于鲁国细密的文化环境中，不是汉儒那种大发议论的手笔。传说子思作《中庸》，从这部分内容来看，是很有可能的。第二部分从"子曰：鬼神之为德，其盛矣乎"起至"明乎郊社之礼，禘尝之义，治国其如示诸掌乎"止，与第一部分毫无相干，乃自他篇掺入者无疑。第三部分自"哀公问政"以下至篇末，再加上《中庸》开头的一大段，这纯粹是汉儒的东西，这里讲的"中庸"已不是

"两端之中，庸常之道"，而是"中和"了。他认为西汉人的文章和晚周人的文章是截然不同的，如果一篇文章的时代属周还是属汉不好确定，那么可以用下列四条标准衡量。（一）就事说话的是晚周，做起文来的是西汉。（二）对当时问题而言的是晚周，空谈主义的是西汉。（三）思想成一贯，然并不为系统的铺排的，是晚周；为系统的铺排的，是西汉。（四）凡是一篇文章或一部书，读了不能够想出它的时代背景，就是说，发的议论是抽象的，对于时代是独立的，是西汉……汉朝也有就事论事的著作家，而晚周却没有凭空思之为方术者。

《大学》讲平天下，不谈列国纷争等事，只说理财，且又以财为末，大骂聚敛之臣。以理财为天下要务，必在天下一统之后，可见《大学》之作，不会早于秦始皇。秦在东周时被东方诸侯视为夷狄，《大学》却引《秦誓》，亦可见其非战国人所作（《尚书》中有《秦誓》大概是因为伏生为秦博士的缘故）。《大学》大骂聚敛之臣，说明其并不产生于汉初，因为汉初兵革纷扰，无聚敛之臣，文景时亦无此等人，到汉武帝时才大用聚敛之臣。如果《大学》是据时立论的话，那么它应当产生于武帝用孔仅、桑弘羊之后，轮台下诏之前。

总的来说，傅斯年一生的学术著作数量不算多，但是衡量一个人学术水平的高低、学术贡献的大小，不应单纯以著作的数量多少作判断。诚如许冠山所说："即令长达两百页的《性命古训辨证》不算'巨著'，仅仅是《历史语言研究所工作之旨趣》一文，和准此而推行的现代研究事业，已足够令他名垂青史了。"邓广铭也作过类似的评价："我们不能用著作多少来衡量一个人在学术上的贡献。即如傅先生（指傅斯年）关于中国古代史的文章，几乎每一篇都有其特殊的贡献，都具有开创性的意见和里程碑的意义。"

第 4 章

书 生 报 国

　　1942 年，傅斯年在致胡适的信中谈到自己的志趣和理念，其中说："我本心不满于政治社会，又看不出好路线之故，而思进入学问，偏又不能忘此生民，于是在此门里门外跑去跑来，至于咆哮，出也出不远，进也住不久，此其所以一事无成也。"傅斯年此段表白真实表达了他对社会政治的态度，视学术研究为自己的本分，而参与社会政治是出于对国家民族的责任心。事实也确实如此。1931 年"九一八"事变，民族危机严重，傅斯年开始走出书斋，投身社会，为抗日救国或从事舆论呼吁，或进行思想文化的阐释和宣传，或利用各种场合和平台讨奸御寇，为维护民族和国家利益作出了贡献。除积极抗日外，傅斯年利用国民参政会参政员的身份，针砭时弊，努力澄清内政，多次炮轰孔祥熙、宋子文，最终迫其下台，用行动书写着其书生报国的爱国热忱。

一、《东北史纲》

　　1931 年 9 月 18 日晚，盘踞在中国东北的日本关东军铁道

"守备队"炸毁沈阳柳条湖附近的南满铁路路轨，反诬中国军队破坏。这就是所谓的"柳条湖事件"。日军以此为借口，向驻守在沈阳北大营的中国军队发动进攻。由于东北军执行"不抵抗政策"，当晚日军便攻占了北大营，第二天占领了整个沈阳城。看到中国军队的软弱无能，日军更肆无忌惮地向辽宁、吉林和黑龙江的广大地区进攻。短短四个多月内，一百二十八万平方公里、相当于日本国土三点五倍的中国东北全部沦陷，三千多万父老成了亡国奴。这就是震惊中外的"九一八"事变。

"九一八"事变后，日本帝国主义要变中国为其殖民地的狼子野心昭然若揭，民族危亡迫在眉睫。这激起了有良知的中国知识分子对国家民族的责任心。"国家兴亡，匹夫有责"的古训激励着他们，他们都在思索着同一个问题：民族危难，自己将何以报国御辱？富有爱国激情的傅斯年更是心潮难平，思绪万千。

事变发生后，北京大学召集教授、学者讨论时势。座谈会上，傅斯年拍案而起，即席慷慨陈词，提出了"书生何以报国"的问题，让大家讨论。这既是爱国知识分子面对民族危亡发自内心的呼吁，也是对那些处于困惑与探索中的知识分子提出的发其深思、催其解答的重大社会课题。这个问题一提出，立即引起了知识分子群体的广泛思考，并用自己的行动作出了不同的回答：有些书生毅然投笔从戎，立刻奔赴抗日前线，欲将一腔热血洒遍白山黑水；更多的是利用自己的口和笔，奔走呼号以唤起民众，口诛笔伐以讨寇刺奸，在全国形成了抗日救国的另一条战线。傅斯年便是奋斗在这一条战线上的一名勇士。

日寇进攻中国的隆隆炮声，震醒了中国的知识阶层和广大民众，却吓坏了当政的国民党政府，它采取了不抵抗政策，让军队撤回关内，把东三省的锦绣山河拱手让人。为了蒙骗人民群众，国民党政府一面发布《告全国军民书》，要求国人镇静忍耐，一面将事变的经过诉诸国联，希望国联主持公道，出面制止日寇，给予所谓的"合理"解决。当时国联对各国并没有实质性的约束力，国民党政府寄望于国联这一外交政策，除了说明它的软弱无能外，实在不可能有任何实际作用。国联会议听了中国代表施肇基的报告，经理事会讨论后，授权大会主席西班牙外长勒乐向中日两国发出不分是非曲直的通牒，劝告中日避免事态扩大，由两国协商撤兵。鉴于此情，国民党政府不是组织民众奋起自卫，却一味在国联身上下功夫。1932 年 1 月，国联答应中国政府的请求，决定组织以英国李顿爵士为首，法、意、德等国派员参加的调查团，到中国和日本进行调查。

日本政府对国联的通牒虚与委蛇，一方面继续整军备战，准备扩大侵略；一方面又开动舆论机器，宣扬"满蒙在历史上非支那领土"，试图为其侵略寻求合法依据。为驳斥日本所谓中国东北地区历史上不是中国领土的谬论，增进国内外各界人士对中国东北历史与现状的了解，提高广大民众的向心力和凝聚力，傅斯年联络历史学者方壮猷、徐中舒、萧一山、蒋廷黻等，准备编写一部东北地方通史。傅斯年满怀激情，夜以继日，奋笔疾书，从 1931 年 10 月下旬动笔，到 1932 年 1 月完稿，用时三个多月写成了第一卷，命名为《东北史纲》，随即出版。全书约十万字，其内容是远古到隋以前，用考古学、古人类学、生物学和历史学的理论方法，采用各种史志典籍的记载，用实证与典籍相结合的方式，论证了东北地区民族、地理等方面的演变，证明东北地区自古就是中国的领土，与日本没有任何关系。

傅斯年在《东北史纲》的卷首引语中，阐述了其写作的原因和目的，充分反映了他当时的思想观念。他说：

> 中国之有东北问题数十年矣。欧战以前，日俄角逐，而我为鱼肉。俄国革命以后，在北京成立《中俄协定》，俄事变一面目，而日人之侵暴愈张。所谓"大陆政策"，"满蒙生命线"者，皆向我施其露骨的进攻之口号，而国人之酣梦如故也。民国二十年九月十八日，遂有沈阳之变。吾国愈求诉之于公道及世界公论，暴邻之凶焰愈无忌，战嫩江，取锦州，李义山诗所谓"太息先朝玄菟郡，积骸伏莽阵云深"之景象，扩充至数万方里之国土……国人不尽无耻之人，中国即非必亡之国！然而前途之斗争无限，知识之需要实殷，持东北事以问国人，每多不知其蕴，岂仅斯文之寡陋，亦大有系于国事者焉。吾等明知东北史事所关系于现局者远不逮经济政治之什一，然吾等皆仅有兴会于史学之人，亦但求尽其所能而已。

很明显，傅斯年等人之所以赶写《东北史纲》，一方面是为了揭露敌人，反驳其谬论，以正视听；一方面是为了对国人进行历史和国情教育，让人民了解东北地区的历史与现状。傅斯年强调指出：东北作为中国的领土，这是永远不容抹杀的事实。就远而言，东北是中国文明的发祥地之一，就近的来说，东北是中国最后一个封建王朝的故乡，在清末设省进行管理，东北是中国的领土就如江苏、福建是中国的领土一样，日月经天。日本鼓吹的"满蒙在历史上非支那领土"纯属颠倒黑白，歪曲历史，只要有一点中国历史常识的人都看得出来，本不值一辩，"然日人竟以此为其向东北侵略的理由，就不得不辩"。

李顿调查团到中国后，傅斯年又让李济将《东北史纲》的主要部分译成英文，交给李顿调查团，作为证明东北地区是中国领土的证据，用史实驳斥日本政府的谬论和狡辩。

李顿调查团经过对东北历史的了解和对现状的调查，向国联写出了报告书。该报告虽然对日本的侵略行为有所偏袒，但也明确指出东三省是中国领土不容分割的一部分，这是中国及其他各国公认的事实。日本在中国东北谋取"非常权力"和"特殊地位之观念"，限制中国主权的行使，是导致中日冲突的根源。报告书公布以后，世界舆论开始倾向中国，纷纷谴责日本帝国主义，要求国联以报告书为基础，解决中日问题。国联作出这种裁判，证明《东北史纲》提供的大量证据之功是不可抹杀的。

二、参与《独立评论》

"九一八"事变后，日本迅速占领了中国东北地区，然而占领东北地区只是日本全面侵华的开始，东三省的炮火还没有停息，日军又开始向我华北地区渗透和入侵。对此，国民党政府仍然采取妥协、退让政策，民族危机不断加深。严重的国难，对国人尤其是生活在北方的知识分子是一个极大的震撼。傅斯年曾明确表示："'九一八'是我们有生以来最严重的国难。"为此，他在相当长的一段时间内心情沉重，寝食难安，苦思书生何以报国，为挽救民族危亡贡献心力。当时，与傅斯年具有相同心情的一大批人士，面对咄咄逼人的日本侵略势力，他们不甘沉沦，通过办刊物，检讨时弊，说他们想说的话。这是书生在乱世对社会作贡献的方式。正如《〈独立评论〉的一周年》一文所说："最严重的困难时期，我们只能用笔墨报国。"《独立评论》创刊于国难民危之时，承载着救亡的时代主题，是知识分子笔墨报国的充分显现，在于使四万万中国同胞认清日本侵华的野心，树立胜利的决心和民族自信心。

《独立评论》是蒋廷黻1932年春提议创办的，此议一出，立即得到傅斯年、胡适等人的大力支持。为筹备办刊经费，他和胡适等十一位好友每人按固定收入的百分之五捐款，几个月内筹得四千二百零五元。《独立评论》创办后，由胡适总其事，蒋廷黻和丁文江协助编务，傅斯年、任鸿隽、陈衡哲、蒋文灏等为社员，负责撰写稿件。其中傅斯年是最积极的参与者和支持者。筹备工作初步完成，傅斯年便立即向北平市政府办理了《独立评论》的登记手续，并手书"情愿具结作保并声明负具体之一切责任"的字据。

1932年5月22日，《独立评论》第一期与广大读者见面。胡适在第一期发表的文章中，叙述了办刊的动机和宗旨。他说：大火已经烧起来了，国难已临头了。我们平时梦想的"学术救国""科技救国""文艺复兴"等工作，眼看都要被毁灭了……《独立评论》是我们几个朋友在那无可奈何的局势里认为还可以为国家尽一点点力的一件工作。当时北平城里和清华园的一些朋友常常在我家里或在欧美同学会里聚会，常常讨论国家和世界的形势，就有人发起要办一个刊物来说说一般人不肯说或不敢说的老实话。

《独立评论》从1932年5月创刊至1937年7月，共出版了二百四十四期，刊载各种文章一千三百一十七篇，涉及对日方针、训政还是宪政、民主还是独裁、民族自省、如何统一等外交和内政领域的重大问题。在该刊撰稿十篇以上的约二十三位，傅斯年是其中之一，发表文章二十多篇。

1932年10月，日本入侵华北，平津危急。国民党依然执行"攘外必先安内"的政策，对日妥协退让，极力约束中国军队与日军冲突。一些文人害怕战争烧掉自己的安乐窝，幼稚地以为只要把北平作为中立区，便可躲过日军的炮火，因此北平有些学者出面发起北平"文化城"运动。这是极不切合实际的。因为就日寇方面而言，它的侵略野心决定了它不会允许北平以此状况存在；就中国方面而言，这种消极软弱的举措，有损于民族尊严和国格、人格。当时北平是文人汇聚之地，傅斯年领导的中央研究院历史语言研究所仍在北平，于是他写信给中央研究院院长蔡元培、总干事杨杏佛表示反对，喟然曰："斯年实为中国读书人惭愧！"傅斯年在信中申明自己的严正立场，反对这些人的行为，同时还公开发表文章，对他们进行劝告和委婉的批评。

《独立评论》的同人们学识、立场、观点不完全相同，他们对许多问题的认识存在着差异，由此经常发生一些矛盾。傅斯年在大是大非面前，尤其在抗日救国、反对妥协投降这个根本问题上立场坚定、旗帜鲜明，一旦遇到不利于坚决抗日的言论，他必然进行坚决的反对，甚至对平时执礼甚恭的师长胡适也不肯让步。1933 年 5 月，国民党政府与日军缔结了丧权辱国的《塘沽协定》，承认日本对东三省、热河的占领，并把察北、冀东的权益出卖给日本，这是继袁世凯承认"二十一条"之后最严重的一次卖国条约。当时，胡适虽然也认识到了日本帝国主义的侵略野心，但他认为中国没有能力抵抗，因此主张对日妥协，延缓战争爆发的时间，以便中国在人力、物力方面作准备，他在《独立评论》上发表了《保全华北的重要》，主张对日妥协，华北停战。文章说："我个人认为是为国家减轻损失，我不信失地绝对不能收复，但我深信此时单靠中国的兵力不能收复失地……如果此时的停战办法可以保全平、津与华北，这就是为国家减轻了一桩绝对的损失，是我们应该原谅的。"很显然，胡适的言论与傅斯年的主张存在着较大的分歧。傅斯年看到胡适的文章后十分生气，当即给胡适写了一封信，要求退出《独立评论》社。经过丁文江从中调解，胡适又与傅斯年进行了一次长谈，二人才和好如初。

1931年11月，日本侵略者将清朝废帝溥仪挟持到东北，成立了伪满洲国，建都长春。1934年3月，溥仪将满洲国改称为满洲帝国，由执政正式改称皇帝。日本导演的这一幕丑剧，遭到中国人民的坚决反对。傅斯年义愤填膺，于3月11日在《独立评论》第九十一号上发表了《溥逆窃号与外交态度》时事评论，对溥仪及其追随者给予了辛辣的嘲讽，怒斥他们是"给奴才做奴才的奴才"！同时也对国民党政府的软弱进行了批评指责：国家有人卖国求荣成为汉奸，政府对这种敌对势力竟连句像样的指斥话都不敢说，这不能不使正直之士扼腕和心冷。

傅斯年的其他文章也从不同方面论述了抗日救国、反对妥协投降的这一基本主题，在当时起到了动员和激励人民、揭露和抨击日本侵略者的作用。他不仅撰写的文章多，而且议论深刻，抗日救国、讨奸御寇的立场和态度严正。他曾以"中华民族是整个的"作为一个命题立论，从历史的发展、人们的思想观念和社会现实状况几个方面论述了中国自古就是一个统一的国家，任何分裂中国的图谋都不可能得逞。

"中华民族是整个的！"此话怎讲呢？……从秦汉之盛时算起，到现在二千多年，虽有时因为外夷之侵入，南北分裂；也有时因奸雄之割据，列国并立，然而这都是人力强的事实，都是违背物理的事实。一旦有适当的领袖，立时合为一家。北起朔漠，南至琼崖、交趾，西起流沙，东至鸡林、玄菟，这是天赐给我们中华民族的家园。我们中华民族，说一种话，写一种字，据同一的文化，行同一伦理，俨然是一个家庭。也有凭附在这个民族上的少数民族，但我们中华民族自古有一种美德，便是无歧视小民族的偏见，而有四海一家之风度……所以世界上的民族，我们最大；世界上的历史，我们最长。这不是偶然，是当然。"中华民族是整个的"一句话，是历史的事实，更是现在的事实。有时不幸，中华民族在政治上分裂了，或裂于外族，或裂于自身。在这时，人民感觉无限痛苦，所渴望者，只是天下一统。未统一时，梦想一统；既一统时，庆幸一统；一统受迫害时，便表示无限的愤慨。文人如此，老百姓亦复如此。居心不如此者，便是社会上之捣乱分子，视之为败类，名之曰寇贼，有力则正之以典刑，无力则加以消极的抵抗。

从 1932 年到 1937 年，傅斯年以《独立评论》为主要阵地，发表了数十万字的时论文章，较为系统地阐述了他的民族思想和抗日救国的主张。他在《独立评论》发表的大量时事评论中，核心思想只有一个，就是抗战到底，坚决反对妥协投降。他指出，目前日本人在政治上要我们承认伪满独立，以便在北方弄出个傀儡政权，服服帖帖地听日本人的话；文化上要我们取消爱国主义教育，最终实现取消中华民族独立，做大日本帝国顺民的野心。如此下去，日本人的胃口必然不会满足于只侵占东三省，时机一旦成熟，必然会南下侵略华北，中日之间的全面战争不可避免。幻想中日问题可以和平解决，无异于白日做梦。

同时针对各界的彷徨动摇，傅斯年明确提出赢得胜利的最伟大力量存在于民众之中，坚信战争的最后胜利必然属于中国。"对倭只有一条路，即一切都无顾忌，只有拼上去"，"中国的命运，在死里求生，不在贪生就死"。蒋廷黻曾评价说傅斯年撰写的每一篇稿子，就好像是集合了四千年的历史经验似的，能引起人们心灵上的共鸣，能够引发最深的情感，也能使某些人感到莫大的嫌恶。

三、讨奸御寇

从 1935 年开始，傅斯年的生活进入了极不安定的阶段。日寇对中国的侵略加紧，为保护学术典籍和珍贵文物，傅斯年领导的史语所数易其址；同时又在极其艰难的情况下继续主持殷墟发掘，更重要的是为反对日寇侵占华北多方奔走，为挽救民族危亡贡献心力。

1935 年，日寇加紧对华北地区的渗透，制造各种借口，随时准备扩大侵略。国民党政府束手无策，只知一味妥协，一些亲日派更是与日本的舆论相呼应，鼓吹"中日亲善""经济提携"，干尽投降卖国的勾当。"华北之大，已经安放不得一张平静的书桌了！"傅斯年出于知识分子的良知和爱国心，对这些卖国行径口诛笔伐。同年 3 月，他写了《中日亲善??!!》一文，文中首先对所谓的"中日亲善"进行了辛辣的讽刺："最近两个月真是'中日亲善'论最走运的时代。也许这个理论与行为在将来更时髦，更成国事，更不得了……这真是历史上的最残酷的幽默。"他在文中分析了中日提携的本质，就是"提之于股上，携之于胯下"，就是要一步一步蚕食中国的领土，先是东三省，继而是华北，最终把中国变成它的殖民地，让中国人做它的奴隶，进而义正词严地阐明了中国应对日本所采取的立场和态度。

对于日军继续向华北地区渗透、准备扩大侵略的现状，傅斯年义愤填膺，哀呼："没有一个国家能够不出代价便存在的，也没有一个民族能够不奋斗不牺牲便得自由的"，"若中国绝不准备牺牲，只有走朝鲜一条路，提携只是合邦之前一幕"。他再次提醒人们："生路是在死里出来的。"日军为了侵吞整个华北，勾结汉奸，策划了"华北自治运动"，傅斯年对此予以了及时揭露，用史实提醒人们"中华民族是整个的"，告诫华北人民只有在整个国家民族中才能生存，分割意味着成为俎上的鱼肉，"自治"则徒得"外治"的结果。这种发自肺腑的呼吁坚定了华北人民抗日的信心和决心。

事实证明傅斯年是正确的。"中日亲善"很快就被残酷的现实打破了。日寇不断在华北制造事端，强迫中国政府签订了一系列屈辱的条约，其中最主要的是《何梅协定》和《秦土协定》，这两个条约使中国丧失了河北、察哈尔等省的大部分主权。日本侵略者为扩大侵略，于1935年下半年开始推行"华北五省自治"阴谋，搜罗社会上的汉奸、余孽组织傀儡政府。一些国民党政府官员不仅自己对日寇妥协，还反过来压制抗日舆论，打击抗日志士。由于傅斯年坚持抗日主张，不断发表激烈的反日言论，抨击妥协投降的行为，因而深为日寇和亲日分子所忌恨。傅斯年依然故我，泰然处之，虽身处危境，但毫不畏惧。有一次，宋哲元的高级幕僚、在北平主政的萧振瀛召开北平教育界人士座谈会，要求教育界人士对日寇的入侵沉默缄口，不要发表对日不利的言论，并以人身安全相威胁。傅斯年十分恼怒，当即站起来慷慨陈词，把萧振瀛狠狠教训了一顿。傅斯年在会上明确表示，坚决反对华北自治，并警告汉奸和亲日分子，任何背叛民族、分裂祖国的行径，必然遭到唾弃。他揭露所谓"华北五省自治"的实质是强奸民意，分裂祖国。与会人士群起响应，使萧振瀛当场丢丑，狼狈不堪。傅斯年怒斥萧振瀛一事，当时在北平各界广为流传，伸张了正义，极大地鼓舞了人心，教育界也成为左右北方政局的重心。会后，傅斯年又与蒋梦麟、胡适等人联合平津教育界人士公开表明态度：（一）反侵略；（二）反汉奸，反对政府让步；（三）自己决不退却。这种主张在当时的华北地区起到了稳定民心、安定社会的作用。

在反对和揭露日本人推行"华北自治"期间，傅斯年的两篇文章最能代表他当时的思想，即《中华民族是整个的》和《北方人民与国难》。傅斯年在文章中阐述了中华民族的向心力和凝聚力，揭露了日本人和汉奸推行"华北自治"的阴谋，警告那些具有亲日倾向的地方官僚政客，不要只顾眼前利益，做出"亲者痛，仇者快"的蠢事，最终成为千古罪人。他进一步指出，目前社会上所谓鼓吹的自治，是一种阴谋，是社会渣滓的丑恶行为，逆社会潮流而动，根本不能代表民意。他要求国家对鼓吹自治的汉奸提高警惕，进行严厉惩治，"负责当局，应以国家民族的立场，把背叛国家的败类，从严防范，尽法惩治"。

当时的日寇和汉奸除大力宣传"日中亲善"来麻痹、迷惑广大人民群众外，还利用各种方式挑拨离间，在中国制造南北矛盾，宣扬什么国民政府歧视北方人，南方人统治北方人，为华北自治寻找借口。针对这一阴谋，傅斯年写了《北方人民与苦难》一文。在文中，他用大量事实说明全国一体，不分南北，并着重指出：北方人民地处民族斗争的最前线，更应该顾大体，反对各种破坏民族团结、制造祖国分裂的阴谋。他强调，在复杂严峻的局势下，北方人民特别应注意以下几点：

一、我们的处境已是站在全国家全民族最前线上的奋斗者，我们的中心要长存，我们的志气要永在。

二、我们只有在整个的国家民族中才能谋生存，我们一分裂便是俎上的鱼肉！

三、这时候，在此间空气中掩护着攻击政府，至少也是没出息。责备政府的话要到南京去说。"兄弟阋于墙，外御其侮。"

四、这时候，这环境，说话不留意，极易为人利用，所以要小心，要顾大体。应知"自治"之说，现在做来，徒得"外治"之结果，此皆天下共知。难道亡国是"自决"的归宿？别有用心者，不足与谈。看不清楚者，要想一想。

当时有人评论说："傅斯年的政论文字，对于隐伏在天津租界中伺机而动的北洋余孽以及日本特务人员策动的所谓'华北自治'，都是一把寒光逼人的利剑。"

傅斯年在反对"华北自治"的活动中，一方面自己毫无顾忌，讨奸御寇，不时地揭露日寇实施"华北自治"的图谋；另一方面努力启导舆论，唤醒民众。傅斯年认为，中国要避免亡国灭种之祸，必须进行全民族的抗争。只要唤醒民众，就可以战胜日本，实现民族复兴。中华民族不是一个可以灭亡的民族，因此，唤醒民众是自己的责任和义务，战胜敌人，实现民族复兴的希望"不在天国，不在未来，而在我们的一身之内"。为能团结一心，共同抗日，傅斯年向社会各界大声疾呼，应拥护政府，维持现时中央政府对全国的统治，以便统率全国民众对日斗争。他说："这个时候，内争显得不合时宜，不管什么原因，任何内耗都将被刻在历史的耻辱柱上。分裂就是叛国！"然而令傅斯年失望的是，国民党的内争却是愈演愈烈。面对严峻的形势，傅斯年深感忧虑，发表了《北局危言》一文，劝告宋哲元、韩复榘等应以民族大义为重，拥护国民党中央政府，不要与西南两广实力派相呼应而自行独立，以给日寇各个击破之机。傅斯年要求全国各派政治势力放弃内争，团结御敌。同时又希望国民党政府放弃对日妥协投降的政策，完善其内部统治机制，取得人民的支持，真正成为领导人民抗日的核心。

四、讨伐孔祥熙

"七七"卢沟桥事变，揭开了中国全面抗战的序幕。全国各界人士为抗日救国奋发努力，有力者出力，有钱者出钱，心往一处想，力往一处使。知识界的许多正义之士在讨奸御寇、补缺救弊方面作出了重要贡献。傅斯年认为，"国家抗战，义等于征兵"，视抗日救国为自己的神圣职责。抗日战争八年，傅斯年全力以赴投入抗日救国的事业。全面抗战开始不久，傅斯年被遴选为国防参议会参议员和国民参政会参政员，并继续任中央研究院历史语言研究所所长。他一面在极其艰苦的环境中领导学术研究，同时积极参与政治，为抗日救国尽力献策，经常奔波于重庆、昆明和四川李庄等地，为挽救民族危亡辛勤工作。

傅斯年在国民参政会中坚持正义、反对妥协、抨击腐败，与各种不正之风进行斗争，其中投入精力最多、花费时间最长的是讨伐孔祥熙。为轰击行政院长兼财政部长孔祥熙以权谋私的贪腐行为，他曾十几次上书蒋介石，二十多次在国民参政会提案和质询，同时利用各种方式揭露和抨击孔氏以权谋私、任人唯亲、祸国殃民的劣迹，终于将其轰下了政治舞台。

孔祥熙是国民党政府时期的一位重要官员。他凭借老道圆滑和与蒋介石的特殊关系，在民国政坛上青云直上。他自 1928 年做工商部长起家，1933 年官至行政院副院长兼财政部长。1938 年 1 月 1 日，国民党政府改组，实施战时体制，孔祥熙又由行政院副院长升任院长，一时间权倾朝野，成为民国政府的核心人物之一。

当时中国面临的形势是：大片国土沦丧，物资遭日寇疯狂抢劫，生产遭日军严重破坏，中国的财政经济困难重重，步履维艰。孔祥熙临危受命，却毫无建树，举措失当，严重影响了全国抗战大局。更令人发指的是，他置抗日救国于不顾，大发国难财，利用职权走私、贪污，这就引起了广大爱国人士的义愤。傅斯年基于社会责任感，多次上书蒋介石，认为孔祥熙不能胜任行政院长一职。傅斯年在信中概述孔祥熙行政、外交方面不能胜任的理由后，又从国际影响、社会民众意识、孔祥熙专权自恣等方面批评孔祥熙，说他在外国人眼里"举止傲慢，言语无礼，无政治家品格"，如果他在任中国将不能争取到国际援助；民众对孔祥熙也十分失望，认为由这样的人当政，国家便没有希望了；且孔祥熙刚愎自用，不听人言，视下级如属吏，如此等等，要求罢免孔祥熙。

孔祥熙很快知道了此事，对于傅斯年的指责又怨又惧，于是以退为进，于4月25日致信蒋介石，请求辞职。蒋介石接到孔祥熙的信后，让陈布雷退给孔祥熙并表示"致慰鼓励"，对傅斯年的信则置之不理。

傅斯年对蒋介石抱着很大的幻想，没想到上书却如石沉大海，杳无音讯。傅斯年一击不中没有退缩，积极筹划，准备在国民参政会上采取更大行动。1938年7月6日，国民参政会第一届会议在武汉召开，傅斯年提前到会，按照原来的设想与黄炎培等人联系。7月12日起草了上蒋介石书，从六个方面对孔祥熙提出更为猛烈的抨击：就才能而论，孔祥熙才不堪任，只会应付，没有政策，只会揽权，不知用人；就威望而论，为全国所痛恨，尤其是纵容老婆、儿子与不法商人勾结，利用职权大发国难财；就用人来说，不重才能，只看关系；就国际舆论来说，各政府对其财政政策多持批评态度，他在任外援将无从谈起；以家为政，治家失检，次女未成年便负责机要电报，骄纵不法，因违反交通规则居然开枪打伤前来制止的警察；并常以委员长继承人自居，口出妄言。信中历数孔祥熙祸国、误国、贪污、任人唯亲，包括对蒋介石不忠、不敬等方面劣迹，洋洋数千言。信中以大量事例为证，明确指出："孔院长之身兼各职，皆不胜任，固为□□等之定见，亦为全国之公言，今辱承温问，敢不尽其所知。即以报国家数年养士之恩泽，亦以答我公尽瘁报国之赤诚。今全国一致竭诚维护我公，则政府尤不可不求其健全。如承观察事实，当机立断，以慰四海之望，则抗战前途幸甚矣。"此信发出后，仍如石沉大海，不果而终。

1938 年 10 月 28 日，国民参政会第一届第二次会议在重庆召开。全会召开的前四天，傅斯年等发表的激烈抨击孔祥熙的谈话，获得许多参政员的同情和支持。经傅斯年提议，由傅斯年与胡景伊、张君劢、马君武等七人起草，共同上书蒋介石。考虑到当时抗战形势，决定"密陈左右"，许多参政员闻知，纷纷签名附属，最后多达五十二人。函件严厉地批评了抗战以来的外交和财政状况。傅斯年等认为所有"迟缓、疏忽、懈怠以及人事纠纷"等问题及其损失，都在于有关官员的不称职，最大责任在孔祥熙身上。

傅斯年等在 1938 年的国民参政会两次全会上，对孔祥熙发动攻击，数箭齐发，得到多数参政员的支持，动摇了孔祥熙的基础。同时，外界舆论亦不时对其指斥和攻击。在各种因素的共同作用下，1939 年 11 月召开的国民党五届六中第七次全会免去了孔祥熙的行政院长职务，傅斯年对孔祥熙的连续攻击有了初步结果。

1939 年 11 月，孔祥熙虽被免去行政院长职务，但转任行政院副院长兼财政部长、中央银行总裁，仍主管国家财政金融。孔祥熙及其家庭利用特权贪污受贿，大做投机生意，侵吞兼并，囤积居奇，把国有资产和外援物资大批窃为己有。这些投机走私、贪污受贿案件不时被揭露和曝光，比较重要的如业务局长郭景琨黄金案、税务署长高秉坊贪污案、中央信托局运输处经理林世良云南走私案等，都曾轰动一时，孔祥熙成为社会舆论攻击的主要对象。另外孔祥熙还纵容家人和属下凭借其政治特权专横跋扈，为所欲为，致使民怨沸腾。1941 年 12 月 8 日，太平洋战争爆发，日军乘机攻占香港。国民党政府因许多党政要人、知名学者居住香港未来得及转移，紧急派飞机去香港迎接，最后一班飞机未接滞留香港的政要与知名人士，却接回了孔祥熙一家大批箱笼、佣人和几条洋狗。消息传出后，舆论大哗，时人皆谓"名教授不如孔祥熙的洋狗"，民愤极大。在遵义的浙江大学和昆明的西南联合大学学生上街举行了大规模的游行示威，高呼"打倒孔祥熙"，一时间孔祥熙成了过街老鼠，人人喊打。

　　1944 年 9 月，国民参政会第三届第三次全会在重庆召开，傅斯年决定利用会议继续对孔祥熙进行揭露和炮轰。9 月 7 日，傅斯年在会上提出了四点质询：

　　　　国家法律明文规定政府官员不能经商，孔祥熙却明知故犯，办有祥记公司、广茂新商号；

　　　　中央银行本应国家化，孔却把它垄断成自己的产业，任人唯亲；

　　　　投机倒把，低价套购黄金，高价卖出；

　　　　在会议上向与会人员赠送黄金债券，当场行贿。

　　在确凿的证据和国内外的压力下，11 月，国民党政府迫使孔祥熙辞去财政部长职务，但仍保留行政院副院长职务。傅斯年闻知孔祥熙被罢免了财政部长职务，十分高兴，但对没有罢免行政院副院长职务不满，遂于 11 月 22 日再次上书蒋介石，要求罢免孔祥熙行政院副院长等职务。信中说："副院长一职如无更动，自一般言之，失其振人心之效；自财政言之，失其改革之功。"傅斯年在信中所谈情况皆符合事实，要求免去孔祥熙副院长职务的理由也很充分。1945 年 5 月召开的国民党六届一中全会上，经蒋介石提议，选举宋子文、翁文灏为行政院正、副院长，免去了孔祥熙行政院副院长职务。

1945 年 5 月，国民党政府将孔祥熙的主要职务皆罢免，只保留了中央银行总裁和四行联合办事处副主席两个财政金融方面的专门职务。傅斯年认为，中央银行总裁是财政金融要职，是孔祥熙的根，不把根拔去，孔祥熙不会彻底垮台，因此决定继续努力，搜集孔祥熙等人贪污中饱以权谋私的材料，除恶务尽，穷追猛打，不给孔祥熙卷土重来的机会。正好，此时美金公债案被揭露。傅斯年抓住时机，奋力一击，终于将孔祥熙轰下了政治舞台。

所谓美金公债案真相是这样的：太平洋战争爆发后，美政府为了稳住中国抗战局面，同意借给中国五亿美元贷款，1942年春正式签订协定。孔祥熙决定从五亿美元中拿出一亿美元用作发行美金储蓄券准备，规定中国法币二十元可购一美元储蓄券，抗战结束后以此券兑换美元。最初，由于社会上不知此项公债有美金作准备，见其还本还息期长，购买者甚少，到 1943年秋，实际售出的美券数额不到一半。后因通货膨胀，官价已达四十元法币兑美金一元，黑市上则高至二百五十多元法币购买美金一元。孔祥熙见有利可图，便下令停止出售美元储蓄券，其剩余部分由中央银行业务局购进。第一批购买美元券余额三百五十万四千二百六十美元，照官价折合法币七千零八万五千二百元，全部送给了孔祥熙一人。第二批又购买七百九十九万五千四百七十美元，照官价折合法币一亿五千九百九十一万四千八百元。两批共购进一千一百四十九万九千七百三十美元，合当时国币近三十亿元，去除成本，贪污二十六点四亿多万元，其中孔祥熙一人得百分之七十，其余百分之三十分给了各职员。这就是美金公债案。

1945年7月7日，国民参政会第四届一次会议在重庆召开。傅斯年、陈赓雅等人准备将惩治孔祥熙等人侵吞美金公债的提案提交大会通过，参政员们议论纷纷，对孔祥熙等人贪污如此大笔款项义愤填膺。大会主席王世杰害怕事态扩大，出面找提案人和联署人谈话，劝傅斯年等人不要把此提案正式提出，以免被外人借为口实，攻击政府，影响抗日。陈布雷也经蒋介石授意出面劝阻："一经大会讨论，公诸社会，恐使友邦更认为我们真是一个贪污舞弊的国家，对抗战不继续予以支持，那么，影响之大，将不堪设想。"在此情况下，傅斯年等被迫同意不向大会正式提出此案。不过此案轰动一时，引起参政会内外的关注。7月25日，国民政府迫于内外压力免去了孔祥熙中央银行总裁和四行联合办事处副主席两个职务。不久孔祥熙去美国定居，永远离开了中国政治舞台。

五、炮轰宋子文

经过八年连续不断的炮轰，孔祥熙终于被轰下了政治舞台，远走美国。当时国内外人士普遍认为孔祥熙下台后，国民党政府应该推出一个比较清正廉洁、素孚众望的人出任行政院长，领导全国人民对日反攻，完成抗日救国大业。然而蒋介石任人唯亲的原则始终不变，转而又把行政院长职务交给自己的妻兄宋子文。1945年5月，国民党召开六届一中全会，选任宋子文为行政院长。傅斯年等人虽然失望，但也无可奈何，他清楚蒋介石当时是绝不会把大权交给外人的，只是希望宋子文能够比孔祥熙好一些，能够总结孔祥熙执政失败的教训，制定出拯救危机、使财政经济走向坦途的政策和策略。

宋子文上台不久，以缓和经济危机、筹集战争经费的名义制定了黄金献金条例。条例规定：凡存有二两黄金以上的储户都要捐献黄金，存户购户捐献黄金，于兑取黄金时一次缴献（原额）百分之四十，而取得原额百分之六十黄金，作为结束。该条例公布后，在全国顿时掀起轩然大波。由于征献黄金的起点较低，几乎侵犯了所有黄金持有者的利益，所以遭到了许多人的批评和抵制，但也受到了广大民众和有识之士的拥护和支持，因为黄金持有者多是达官贵人。傅斯年在抗战期间一个重要的理念是全民抗战，有钱者出钱，有力者出力，在经济方面必须侵夺"既得利益者"的利益。所以傅斯年对宋子文制定的黄金献金条例在原则上是支持的。面对众多富人的反对，傅斯年挺身而出，在《大公报》发表《黄祸》对黄金献金条例表示支持。不过没多久，傅斯年就对宋子文彻底地失望了。宋子文随着政治地位的稳固，其本性便暴露无遗，比孔祥熙有过之而无不及。政治上任人唯亲，排斥异己，经济上大肆侵吞国家资财，中饱私囊，国家经济趋向绝境。傅斯年在给胡适的信中，曾对宋子文评论说："子文去年还好，今年得志，故态复原，遂为众矢之的。尤其是伪币比例一事，简直专与国民党的支持者开玩笑。熬过了孔祥熙，又来了一个这样的。"宋子文的倒行逆施遭到各方反对，不久也成了众矢之的。

8月15日，日本宣布无条件投降，紧接着国民党在全国各主要战区受降，在军事受降的同时，派遣大批官员到收复区接收敌伪工厂和各种物资。宋子文在蒋介石授意下，先后到上海、北平、天津、青岛、广州等重点地区巡视，指挥接收。宋子文通过接收为国民党政权集聚了一大笔财富，同时也将大批财富中饱私囊，并且利用接收、转产、兼并等方式将敌伪的大批工厂、企业转入个人控制的工矿企业之中，闹得民众怨恨。

1946 年 3 月，宋子文以挽回法币信誉、维持法币币值为名，以行政院的名义公布了《管理外汇暂行办法》及《进出口暂行办法》，在具体执行过程中，只对四大家族所经营的工业企业及与其有关的人物和企业充分供应外汇，而对民族资产阶级工商业则拒绝提供外汇。在短短的八个月里，中央银行共抛出政府牌价外汇三万八千一百五十五万多美元，宋氏家族控制的孚中公司套购了一万五千三百七十七万多美元，孔氏家族控制的杨子公司套购了一万八千零六十九万多美元，两家公司共套外汇三万三千四百四十六万多美元，差不多占中央银行售出外汇总额的百分之八十八。他们用获得的外汇进口美国货物，从中牟取巨额利润。

在开放外汇市场的同时，宋子文为应付通货急速膨胀，公布了《黄金买卖细则》，大量抛售黄金。抗战胜利时，国民党政府库存黄金约六百万两。从 1946 年 3 月开始，国民党政府宣布黄金市场开放，由中央银行在上海配售黄金，配售价格随市价变动。初抛售时黄金每市两约十五万六千法币，以后继续抛售，价格直线上升。到 1947 年 2 月，黄金每市两高达法币六十一万一千，不到一年的时间抛售黄金三百五十一万两，约为原库存的百分之六十。黄金暴涨风潮迅速席卷国民党统治区各大城市，整个市场陷于极度混乱。

宋子文的所作所为，引起社会各阶层的强烈不满，严重的经济危机使大批的民众无以为生，生活陷入绝境，一时民怨沸腾，国民党内部各派系政学系、CC 系利用新闻媒介对宋子文大加攻讦，形成了一个倒宋的怒潮。大批自由知识分子对宋子文的祸国殃民、专横跋扈深恶痛绝，利用各种途径指斥和抨击，一时间，宋子文"遂成为众矢之的"。傅斯年的"逐宋檄文"一发表，立即得到爱国之士的响应，舆论界兴起一股"倒宋"浪潮。

当时，蒋介石正忙于进攻陕北解放区，没想到后院起火，不得不抽身处理此事。1947年1月15日，蒋介石请傅斯年吃饭，征求傅斯年对时政的意见。傅斯年坦诚进言，其大意是要进行政治改革，首先要让宋子文下台，其中强调："宋子文与国人全体为敌，此为政治主要僵局之一。"蒋介石当时没有明确表示，要求回去写成书面意见供他参考，傅斯年回去后写了一封率直、激切的信。傅斯年给蒋介石写信和面谈都要求蒋介石罢免宋子文，但蒋介石始终没有明确表态，于是傅斯年决定利用舆论，发表文章揭露宋子文贪污中饱、祸国殃民的罪行。在短短的十五天内，他连续写了三篇文章，对宋子文进行轰击。这三篇文章即2月15日发表于《世纪评论》的《这个样子的宋子文非走开不可》，2月22日发表于《世纪评论》的《宋子文的失败》和3月1日发表于《观察》的《论豪门资本必须铲除》。其中，尤其是《这个样子的宋子文非走开不可》，如同一颗在宋子文头上开花的重磅炸弹。文中说：

> 古今中外有一个公例，凡是一个朝代、一个政权，要垮台，并不由于革命的势力，而由于它自己的崩溃！国民政府自从广东打出来以后，曾办了两件大事：一、打倒军阀（这也是就大体说）；二、抗战胜利。至于说到政治，如果不承认失败，是谁也不相信的。政治的失败不止一事，而用这样的行政院长，前有孔祥熙，后有宋子文，真是不可救药的事。

语言辛辣犀利，态度激切率直。傅斯年的文章和呼吁引起了强烈反响。《世界日报》《益世报》等报纸纷纷转载，《世界日报》甚至用"傅斯年要革命"这种醒目又极具鼓动性的语言作为标题来评论此事。

同时，傅斯年在国民党参政会上发言，要求宋子文辞职，清查孔祥熙、宋子文的家族财产。1947 年 2 月 16 日，监察院举行全体监委紧急会议，决定派员彻底清查黄金风潮酿成的情况和负责者。3 月 1 日，立法院召开报告会，宋子文经一再邀请出席作报告，立法委员就财政经济问题向宋子文提出严厉质询。当天下午，国民党最高国防委员会及国民党中常会举行联合紧急会议，批准了宋子文的辞职请求，宋子文被彻底赶出了行政院。

六、访问延安

1944 年 9 月 15 日，国民参政会三届三次大会主席团提议："请大会决议组织延安视察团，赴延安视察，并于返渝后，向政府提出关于加强全国统一团结之建议；兹推荐冷参政员遹，胡参政员霖，王参政员云五，傅参政员斯年，陶参政员孟和，为该视察团团员。"这项提议以绝对多数赞成而通过，在场的一百四十名参政员，一百三十八名投了赞成票。傅斯年等人之所以被推荐，是因为他们在当时教育界、出版界、新闻界有一定声望，又没有党派关系。全体参政员相信这五人必能完成使命，以加强全国之统一团结。但由于种种原因，五参政员会后没有立即成行。

1945 年 4 月，中国共产党召开了第七次代表大会，毛泽东在政治报告中提出了把各党各派和无党派的代表人士团结在一起，成立联合政府的主张。这一主张得到了民主人士的普遍拥护。5 月，抗日战争进入最后阶段。世界反法西斯战争和中国的抗日战争都胜利在望，一些社会知名人士对抗战胜利后中国向何处去，国共关系如何发展表示忧虑，这些问题成为国民参政会中的突出问题。傅斯年、冷遹又联系黄炎培等人再次商谈访问延安，为国共和谈，团结抗日进行斡旋，几位参政员在访问延安一事上达成共识。6 月 2 日，傅斯年、褚辅成、冷遹、黄炎培等人致电毛泽东、周恩来，正式提出了访问延安、促成国共和谈、团结抗日的主张。

傅斯年等人的电报得到了毛泽东、周恩来为首的共产党人的积极回应，中共中央经商议于 6 月 18 日回电，欢迎傅斯年等人去延安，并对傅斯年等人为团结抗日、和平建国而奔走给予高度评价。傅斯年等人接到延安的电报，甚为高兴，几个人讨论商定了团结抗日、和平建国的三条建议：（一）由政府迅速召集政治会议；（二）国民大会交政治会议解决；（三）会议以前，政府先自动实行若干改善政治之措施。

之后经蒋介石同意，傅斯年（无党派）、黄炎培（民盟）、褚辅成（国民党）、章伯钧（民盟）、冷遹（无党派）、左舜生（青年党）等六人组成的代表团于 7 月 1 日在中共代表王若飞的陪同下飞抵延安，在延安机场受到毛泽东、周恩来、朱德、林伯渠等中共领导人的欢迎。

7 月 2 日下午 6 时，中共领袖毛泽东、周恩来、朱德等人设宴招待傅斯年等六位参政员，当时延安刚开完中共第七次代表大会，许多党政军领导人还留在延安，没有回抗战前线，此时都出席作陪，与六参政员一一见面，其中主要的有贺龙、刘伯承、彭真、高岗、聂荣臻、陈云等。傅斯年等人同毛泽东、周恩来、朱德、刘少奇、林伯渠、张闻天、任弼时、王若飞、彭德怀、叶剑英等进行了三次会谈。六参政员认为国共两党商谈的大门没有关闭。毛泽东说：双方的门没有关，但门外有一块绊脚的大石挡住了，这块大石就是国民大会。会谈中，双方交换了对时局的看法，最后在和睦、融洽的气氛中达成了向国民党政府提出的两点共识：（一）停止国民大会进行；（二）从速召开政治会议。并将会谈内容写成《延安会谈记录》，由六参政员带回重庆。除了和中共领导人会谈，傅斯年等六人还参观了延安的市容、街道，访问了一些在延安的故旧，并参观考察了延安地区劳动人民的生活状况。

在延安期间，傅斯年与毛泽东有过一次单独会晤，就一些政治问题交换了意见。傅斯年与毛泽东是二十余年以前的北大旧识。"五四"时期，毛泽东曾在北大任图书管理员，傅斯年是北大的学生领袖，十分受人注目，他经常出入于图书馆，所以毛泽东认识了他。后来毛泽东回到湖南创办《湘江评论》，与傅斯年等在北大创办的《新潮》遥相呼应。傅斯年在《〈新潮〉之回顾与前瞻》中列举了五六种"最有价值"的刊物，《湘江评论》就是其中之一。所以值傅斯年专程来访之际，毛泽东单独约他畅谈。他们两人从时局谈到历史，从抗战谈到国共合作，天上地下，古今中外，无所不论。谈到"五四"运动时，毛泽东称赞傅斯年在反封建主义方面的重大贡献，傅斯年则回答说：我们不过是陈胜、吴广，你们才是刘邦、项羽。会谈结束时，傅斯年向毛泽东索要墨宝一幅，以志留念，毛泽东慨然应允。7月5日，毛泽东将条幅写好送给了傅斯年，条幅写唐人咏史诗一首：

竹帛烟销帝业虚，关河空锁祖龙居。

坑灰未烬山东乱，刘项原来不读书。

并附一亲笔信，内容如下：

孟真先生：

　　遵嘱写了数字，不像样子，聊作纪念。今日间陈
胜吴广之说，未免过谦，故述唐人语以广之。

　　傅斯年以陈胜、吴广自况，把毛泽东、蒋介石说成是刘邦、项羽。这里他把"五四"运动比作大泽乡起义，视为推翻旧政权的开端，而把毛泽东为代表的共产党与蒋介石为代表的国民党之争比作刘项之争，认为他们之间的斗争是争夺国家最高统治权的抗争。毛泽东书此条幅，显系将搞独裁专制的蒋介石比作秦始皇，暗示那些真正起来推翻蒋政权的力量，不是一般读书之人，而是刘邦、项羽一样的下层民众。

　　除了与毛泽东会晤外，傅斯年还和周恩来进行了一次愉快的交谈。交谈中周恩来向傅斯年阐明了共产党的主张：坚持和平反对战争；坚持团结反对分裂；坚持进步反对倒退。之后，傅斯年向周恩来介绍了政治解决国内团结问题的情况，表达了无党派人士和民主党派人士的愿望。他说："我们这次来延安是希望国共两党能够竭诚合作，促进全国统一。"周恩来边听边频频点头，对傅斯年等参政员所作的贡献十分赞许。

　　7月5日，傅斯年一行回到重庆。两天后，第四届一次国民参政会开幕，当天下午他们面见蒋介石，汇报了延安访问的结果，并将《延安会谈记录》交给了国民党政府。仅过月余，日寇投降，经过八年艰苦卓绝的斗争，中国取得了抗日战争的伟大胜利，全国人民沉浸在胜利的喜悦中。全国人民当时的普遍心理是和平建国，医治战争创伤，休养生息。民意难违，蒋介石也不得不做做姿态，接连三次电邀毛泽东到重庆谈判。为避免内战，重建家园，8月28日，毛泽东、周恩来、王若飞三人飞赴重庆与国民政府谈判。这次和谈之所以能够实现，虽是多方面因素促成的，但傅斯年等人的延安之行起到了穿针引

线、搭桥铺路的作用。

七、参与旧政协会议

1945 年 10 月，国共重庆谈判期间正式就召开政治协商会议达成协议，规定由国民政府召开政治协商会议，邀集各党派代表及社会贤达协商国是，讨论和平建国方案及召开国民大会各项问题。经过一段时间的筹备，国民党政府 1946 年 1 月 6 日公布了《召开政治协商会议办法》及会员名单，经蒋介石聘请共三十八人，其中包括国民党八人，共产党七人，民主同盟九人，青年党五人，无党派代表九人。傅斯年作为无党派人士被邀请参加，其余八人是莫德惠、王云五、胡霖、邵从恩、钱新之、缪云台、李烛尘、郭沫若。政治协商会议邀请的三十八名委员中除莫德惠赴东北宣慰、张君劢在美未归、张澜和黄炎培因病请假未能参加外，其余三十四人应邀参加。

政治协商会议于 1946 年 1 月 10 日开幕，31 日结束，共二十二天，其间大会与小组会议间隔进行，会议要求与会各委员充分发表自己的意见，正如蒋介石在开幕词中所说："如有意见，深望尽量陈述，政府无不可以考虑采纳。"傅斯年在大会和宪法草案组会议上皆曾积极发言，为国家能够在抗战胜利后走上和平建国道路，化解国共两党矛盾，避免内战提供了有益的建议，其中也反映出他广博的中西方政治体制与制度方面的知识和渴望和平的愿望。概括他的言论和建议，有以下几个方面的内容。

其一，和平建国的指导思想与原则。傅斯年认为，中国人民经过无数艰难困苦，作出了巨大牺牲，终于取得抗日战争的胜利，一定要万分珍惜这来之不易的和平建国机会，不论国民党政权，还是各民主党派都应出于公心，捐弃私见，顾大局，顺民意，本着国家、民族利益高于一切的原则，为和平建国共同努力。他对《和平建国纲领》贡献的意见充分表达了他这方面的思想。傅斯年在阐述总指导思想时说：

> 际兹八年抗战卒底胜利之时，人民之死亡以千万计，财富之损失以亿兆计，生者待养，病者待医，大敌虽已败却，疮痍犹待补救，国家虽列于强国，人民尤陷于贫困。中国国民政府鉴于战争业已结束，建设应即开始，爰特邀集各党派代表暨社会贤达举行政治协商会议，共商国是，俾人民得以昭苏，国家进于宪政。

其二，对政治体制与制度改革建言献策。傅斯年在参与宪法草案修改的讨论中，对国家政治体制改革和政治制度建设提出许多建议和意见。在《和平建国纲领》政治方面，傅斯年的意见包括政治设施的建设、政治体制的创新和发展等内容。关于政治体制和制度改革方面的条款共九条：

（1）施政以贫困、疾病、蒙愚为政治之对象，以民主、自由、科学为进步之目标。

（2）一切国家设施，应顾及全国各地主、各阶级、各职业人民之正当利益，保持国家在此时之平衡发展。

（3）厉行监察制度，严禁贪污，便利人民自由告发。

（4）实行文官制度，保障称职人员，用人以能力资历为标准，并去除戚谊、乡谊、学谊、干请等弊端。

（5）简化行政手续，分层负责，务期人有专任，事有专责。

（6）确保司法独立，充实法院人员，提高待遇与地位，简化诉讼程序，改良监狱。

（7）裁撤一切骈枝机关，与效能甚低之机关，提高文武公教人员之待遇。

（8）实行预算决算制度，认真审计，简化税制，归并征税机关，并以资产及收入定累进之税则。

（9）征用逃避及冻结之资本与产业，以平衡收支。

这里，傅斯年特别指出政治机构、国民大会、地方自治、军事等项暂缺，由于这些小组他没有参加，也不是这方面的专家，没有专门研究，所以没有涉及这方面的具体内容。

另有一部分是关于抗战胜利后复员和善后工作的建议，从中可看出傅斯年关心基层民众利益和生活疾苦的思想，其建议共五条，具体内容是：

（1）政府停止兵役及豁免田赋一年之法令，应由各级政府切实执行。

（2）妥善照顾残废军人，及抗战军人家属与遗族，协助退伍官兵就业。

（3）协助义民、难民还乡，给以交通上之便利。

（4）速治黄河水患。

（5）严办汉奸，停止附逆分子之公权。

从上述要求中可以看出，傅斯年将抚恤抗战军人及遗属，救济民众和惩治汉奸，都列入了政治改革和平建国的纲领之中，表现了他和平建国兼顾各方利益的思想观念。

其三，关于宪法草案修改的意见。在政协会议召开期间，制定和修改宪法草案是政协会议讨论的重点，事关建立什么样的国家政权、怎样按法定程序建立国家政权，所以国共两党及各民主党派的代表都相当重视这个组的讨论。此组负责人是莫德惠、陈启天，成员包括孙科、邵力子、周恩来、吴玉章、常乃惠、罗隆基、章伯钧、傅斯年、郭沫若。从草案组成员成分来看，出席政治协商会议的国共两党领导人都集中于此组。另外，张君劢作为民盟代表被邀请，他是法学专家，所以也参加了宪法草案组。

1月19日，政协会议举行第九次大会，专门讨论宪法草案问题。大会各委员纷纷发言，提出了个人或党派的意见。傅斯年也发表了自己的看法，在发言中特别强调了两点：在中央要实行议会制度，在地方要实行自治，"省长民选"。由于各代表议论纷纭，无法得出统一结论，于是交宪法草案小组讨论。

在小组讨论中，小组成员对中国今后采用什么样的宪法争论激烈，争论的焦点主要是以五权宪法还是以英美宪法为蓝本。在讨论中，国民党代表要求以五权宪法为蓝本，而民主党派和无党派人士多主张英美式宪法，共产党代表根据当时情况，也希望实施英美式宪政"以期打破国民党垄断政权之局"。作为折中方案，张君劢提出了以五权宪法之名行英美式宪法之实的方案。张君劢是宪法专家，熟悉各国宪政制度，他根据孙中山直接民权的学说，批评五权宪草的国民大会制度是间接民权，而非直接民权，故他主张把国民大会从有形改为无形，公民投票运用四权（即选举、罢免、创制和复决）就是国民大会，不必另设国民大会；同时，以立法院为国家最高立法机关，行政院为国家最高行政机关，行政院只对立法院负责，而不对总统负责，立法院有权对行政院投不信任票，行政院有解散立法院、重新进行大选之权；限制总统权力，使他仅成为名义上的国家元首，而不负实际政治责任。张君劢这套方案的实质，是要"把立法院变成英国的众议院，行政院形成英国式内阁，总统相当英国女王，行政院长相当英国首相"。

张君劢的这套方案提出后，"在野各方面莫不欣然色喜，一致赞成"，周恩来表示"佩服"，国民党代表孙科也表示支持。据参加会议的梁漱溟说，孙科之所以支持张君劢的方案，有他自己的野心，即"孙科私下安排，他将来是行政院长，当英国式的首相或日本式的首相，把蒋介石推尊为大总统，实际上是英王"，这样他就可以掌管国民党大权，而置蒋介石于有名无权的地位。由于孙科是孙中山的儿子，在国民党内的地位很高，又是国民党出席政协会议的首席代表，他既然表示支持张君劢的方案，其他国民党代表，包括参加宪法草案组讨论的邵力子也就无可奈何，不便明言反对。于是，大会以张君劢的方案为基础，结合其他方面的意见，达成了宪草修改的十二条原则。

傅斯年在参与讨论中，主张实行美国式宪政制度。他在一次发言中阐述自己的观点说："英国内阁事实上只是议会的行政委员会，在中国现状下实行责任内阁是不可能的，所以中国将来大体要实行美国制度。英国国会对内阁的信任票，始于劳莱乔琪，后来成为习惯，但不在宪法内规定。"他对张君劢提出的宪草修改的十二条原则以及有关内幕了解比较清楚，担心此原则被通过，国家将再度出现混乱局面。他曾致信王世杰，要求王世杰采取应对措施。王世杰2月1日的日记记载说："两日以前（应指1946年1月30日），政治协商会议之成败方值千钧一发之际，傅孟真致函于予，谓此次协商结果，将使国民党与蒋先生于半年内崩溃，促予退出协商会议，并辞去外交部长。予复函拒绝之。"同时，在1月31日举行的政协会议闭幕大会上，傅斯年对宪法草案修改十二条原则表示不满，但为顾全大局，仍然投了赞同票。

傅斯年在旧政协上的言行都是他思想观念的反映，总体上是从中国现实出发，为避免内战，进行和平建国而努力。但从当时的政治形势来分析，国民党政权召开政协会议、制定宪法草案都是没有诚意的，从根本上说，一是屈服于国际、国内舆论的压力，二是为调兵遣将，发动全面内战争取时间。在这种情况下，傅斯年与许多民主党派和无党派人士所作的各种努力都是徒劳的。

八、政治抉择

1946 年，中国政治变幻，国共两党矛盾逐步激化，最终导致了内战的爆发。国民党政权领导集团发动内战之初野心勃勃，要在短时期内消灭共产党，在全国实行独裁统治；共产党则沉着应战；各民主党派和无党派的社会贤达此时迅速分化，总体上是在为争取国内和平而努力。

傅斯年在政协会议期间开始认识到国共两党团结合作、和平建国的可能很小。他在给夫人俞大彩的信中曾说："政治协商会议，忙了一阵，至今尚一无结果，真正在小组中协商之事，无一得结果。看来前途甚悲观。如不得结果而散，又是大闹，此后恐无安静的日子，打虽不至一时又打起，和也和不成，总是僵局而已。"傅斯年在此信中大发议论说："我这一年，无端落在国共谈判之边上，故出了这些事！又因北大，自找麻烦事！国共事，今后不再问。北大事，适之先生回来不久了，总要熬出来。"从此信中可以看出，傅斯年对国内局势，尤其是国共关系有较深刻的认识，但是他对国共关系的发展前景认识尚缺乏科学的判断，实际上国共两党内战很快便开始了，此时国际形势的变化再次刺激了傅斯年，使他的政治倾向进一步向国民党倾斜。

1946 年 2 月 11 日，华盛顿、伦敦、莫斯科同时公布了 1945 年 2 月雅尔塔会议的内容，其中包括了关于侵犯中国主权的条款。在雅尔塔会议上，美国、英国为督促苏联在打败德国后迅速出兵中国东北对日本作战，满足斯大林的要求，包括承认外蒙独立、中苏共管中东南满两路，租借大连、旅顺两港，作为苏联在德国投降三个月后对日宣战的条件，应该说美英苏三国首脑的秘密协定严重侵犯了中国的主权和领土完整。傅斯年是具有强烈民族主义倾向的知识分子，他对俄国在历史上对中国的侵略怀有敌意。早在 1943 年，他发表《战后建都问题》，主张战败日本后建都北平，目的就是防御苏联，所以当雅尔塔协定内容公布后，他对苏联侵犯中国的领土主权，美英牺牲中国利益满足苏联的行径表示愤慨。他联络任鸿隽、陈衡哲、王云五、宗白华、储安平等人在《大公报》发表文章，题目是《我们对于雅尔塔秘密协定的抗议》，对苏美英用秘密协议的形式侵犯中国领土主权的行为表示抗议。文章中愤怒指出："这一秘密协定，违背了联合国共同作战的理想和目标，开创今后强力政治与秘密外交的恶例；影响所及，足以破坏世界和平，重踏人类罪恶的覆辙。这一秘密协定，是为近代外交史上最失道义的一个记录。"针对苏联的错误行径，傅斯年等人进行指斥，把苏联的行为与帝俄对华的侵略相比拟。文章指出："苏联所标揭的是打倒帝国主义，然则今日苏联要求恢复其俄罗斯帝国之权力，又何以自解？苏联乘人之难，提出这种要求，其异于帝俄对中国之行为者何在。"傅斯年在联络各界人士对雅尔塔协定提出抗议后，仍不肯罢休，又撰写了长文《中国要和东北共存亡》，登载于《大公报》。傅斯年在文中着重论述了东北地区的历史地位，东北与日、俄的关系，雅尔塔秘密协定对中国的侵犯及中国应采取的态度和对策等。他在文章中着重强调了东北地区在中国发展中的特殊地位，说："没有了东北，中国永不能成为名副其实的一等国……没有了东北，中国迫切的人口问题没有解决，社会绝不得真正安宁，即永不能走上积极建设之路。然则中国不惜为东北死几千万人，损失国民财富十分之九，不惜为东北赌国家之兴废，赌民族之存亡，岂仅是一个感情的行为，实在是绝对理智的行为。"很明显东北地区由于资源丰富，物产充实，是中国不能缺少的组成部分，"要不惜任何代价来保卫它"。

傅斯年站在国家民族的立场上，反对苏联侵犯中国的主权和领土，在当时有一定的进步性，但他同时认为，中国共产党与苏联有联系，受苏联的支持，因而对中国共产党增加了敌意，这一点他曾在这个时期致夫人俞大彩的信中有明确的表露。他说："东北糟不可言，仍因自己有此大好第五纵队，非可专骂俄国人，俄国人也太可恶了。"在这里他将中国共产党及其所领导的八路军、新四军视为苏联的第五纵队，实际上含有很深的敌意。

1947年6月，傅斯年偕夫人、孩子赴美治病，在美国受亲蒋反共舆论的影响，其态度更加倾向于国民党政权。1948年8月，傅斯年自美回国后定居南京，继续担任历史语言研究所所长。可是国内政治局势的剧烈动荡牵动着傅斯年。傅斯年自视是国民党政权的臣民，与国民党政权和蒋介石的关系都非同一般，以在野的身份向国民党政权及蒋介石建言献策，试图对行将灭亡的国民党政权努力挽救。

傅斯年对国民党政权腐败现象深恶痛绝，但是多年来形成的对于共产党和人民政权的政治偏见，使得他迟迟不能选定与国民党政权决裂的道路，他把自己牢牢地拴在了国民党政权这个失去了控制的破船上，随波逐流，任其沉浮。他对于国民党政权的失败痛心疾首，对局势的发展悲观失望，陷于苦闷彷徨之中。11 月 13 日，陈布雷自杀，更是深深刺痛了他的心。傅斯年政见、品格与陈布雷相似，故二人私交甚好，常互相引为挚友同志。陈布雷自杀后的几天里，傅斯年也曾萌生过追步陈氏、了此一生的念头，幸好俞大彩及时发觉，时刻在他旁边守护着，才避免了又一次悲剧的发生。

1948 年 11 月，国民党政府在大陆败局已定，开始重点经营台湾，对台湾人事进行调整，决定由陈诚代替魏道明任台湾省主席，傅斯年出任台湾大学校长。当时的教育部长朱家骅对此回忆说："大家正感到台湾的重要性，或将因此而更为增加，想把它变为文化的中心，所以对台大校长的人选，也不能不特别慎重。我考虑再三，觉得只有再和孟真先生商量，当时他回国不久，夙疾方瘥，当然不愿再任繁剧，重损健康。可是我复相劝，他又公而忘私，慨允担任。"12 月 15 日，国民党行政院正式决议由傅斯年出任台湾大学校长。

傅斯年在此期间重点办了两件事，一是将大陆的重要文物典籍与史语所整体迁移到台湾。抗战全面爆发后，历史语言研究所收藏的文物典籍和北平故宫博物院等处保存的一批文物整理转移。傅斯年四处奔走，求告各方，将史语所及其中研院保存的大批文物古籍安全运到台湾，最初安置于龙梅镇。二是设法将平津地区科技学术界知名人士接出，并尽量转移到台湾。1948 年 11 月底，辽沈战役结束，中国人民解放军迅速将平津地区分割包围。北平是北方经济、政治、文化中心，也是高校、学术研究机构集中的地区，大批知名学者、科技人才集中此地。为把这批专家学者从北平转移出来，傅斯年亲自找到蒋介石，经蒋批准，由傅斯年、蒋经国、陈雪屏等人组成领导小组，负责将北平有关人员接出。12 月 15 日、16 日致信北京大学秘书长郑天挺，提出迎接的人员名单。其名单主要包括四类人：（一）各院校馆所行政负责人；（二）因政治关系必离者；（三）中央研究院院士；（四）在学术上有贡献并自愿南来者。但是由于学者和知名人士中许多都已认清了蒋介石及国民党政权的腐朽本质和即将崩溃的现象，只有很少一部分人乘飞机离开北平，而多数人留在了北平。

1948 年除夕，南京城中失去了往年节日的喧嚣，一片凄惶不安的景象。傅斯年与胡适置酒对饮，共度岁末，孤灯双影，相视凄然。他们一面喝酒，一面谈论政局，既痛恨国民党政府的腐败无能，又为自己的命运前途担忧。于百无聊赖之际，二人乃同声低吟陶渊明拟古诗十九首中的《种桑长江边》：

种桑长江边，三年望当采。

枝条始欲茂，忽值山河改。

柯叶自摧残，根株浮沧海。

春蚕既无食，寒衣欲谁待？

本不植高原，今日复何悔！

回首数十年之往事，思量浮海东渡之艰难，瞻念未卜之前程，留恋乡土之情顿生，谈到感伤之处，不禁潸然泪下。傅斯年和胡适在离乡的愁思萦绕中度过了在大陆的最后一个除夕之夜。

九、自由社会主义思想与实践

自由主义是在欧美广泛传播的社会政治思潮，19 世纪末传入中国。如同各种思潮在中国的传播一样，自由主义在中国的传播过程中，也与中国的思想文化不断地发生着碰撞和融合，形成了各种不同的流派和体系。西方自由主义在 20 世纪上半叶对中国社会产生了重要影响，最主要表现为培养和造就了一批具有自由主义思想倾向的知识分子。

应该说，傅斯年是一个具有代表性的自由主义知识分子，在傅斯年的言论和实践中，他特别强调自己是自由社会主义者。傅斯年这种观念的形成是受胡适的影响。胡适在新文化运动中特别强调解放个性，自由发展个人，傅斯年、罗家伦等人都深受其影响。在同一时期，傅斯年及同时代的青年学生对世界革命进程进行了论述，认为以俄国十月革命为标志开始了以平民为主的社会革命。他们认为："以前法国式的革命是政治革命，以后俄国式革命是社会革命。革命以后民主主义同社会主义，必定相辅而行。其大概的趋向，大约可以分为经济、政治、社会三方面。经济方面的趋向将来都偏重集产政策，以一切的实业全受公家的支配，使最大多数的人民都有可以享受的幸福。"应该说，傅斯年的自由社会主义思想在新文化运动时期已经初步形成，而在以后的社会生活中不断发展，逐步成熟。

1919年至1936年，是傅斯年在欧洲留学和回国从事学术活动的时期，这期间虽然他的社会政治活动不多，其言论政治色彩也不太浓，但有几个影响傅斯年思想理念的因素应该引起我们的注意。

其一，他留学地点在欧洲，欧洲的时代文化思想特点对傅斯年起了潜移默化的影响。他在1920年撰写了《青年的两件志业》，提出青年的志业是"无中生有地替中国去造有组织的社会"。傅斯年当时的中心思想就是青年人要奋发向上，不断地改造自己，为改造社会作准备。"社会是个人造成的，个人的内心就是一个小社会。所以改造社会的方法，第一步是改造自己。"改造自己，把自己锻炼成为一个有能力、有志向的人，然后组织起来，改造社会，改造世界。这种思想与他出国前注重个人自由发展，承担社会责任，改造社会，为国家和世界进步发展尽个人努力是一脉相承的，也是他自由社会主义思想发展的一个阶段。

其二，孙中山三民主义的影响。1926 年 11 月傅斯年回国受中山大学之聘任中山大学教授，不久又出任文史科主任兼历史、语言文学两系主任。当时广州是革命的中心，中山大学是孙中山亲手创立、培养革命人才的基地，与黄埔军官学校并称文武两校。傅斯年在政治思想方面逐步接受了孙中山的三民主义思想学说，其中尤其尊崇孙中山的民生主义思想。

1935 年，他在阐述中国社会发展和进步的原因时强调说："三十年中，中国因受自由主义的影响，乃有辛亥革命之成功；受社会主义的动荡，乃有国民革命军北伐之事业，这一条路并未走错，且是历来环境所促成唯一可做之路。"在傅斯年看来，中国辛亥革命的成功，得益于自由主义思潮在中国的传播，培养了一批具有自由主义倾向的知识分子，他们成为推翻封建专制政权的重要力量。傅斯年认为孙中山的三民主义，尤其是民生主义和三大政策，含有很多社会主义成分，所以他曾对此论述说："国父中山先生之民主主义，实在是温和的，合适于中国现状的社会主义。"正是由于孙中山三民主义的宣传和提倡在民众中产生了重大影响，受社会主义的动荡，乃有国民革命军北伐之成功。

在抗日战争期间，傅斯年以自由主义知识分子的身份不时地利用舆论揭露、批判国民党权贵的贪污腐败，官僚资本家利用各种手段侵蚀国家资本。在此过程中他对英美诸国实施的社会主义改革有了新的认识，要求中国学习西方，实行经济制度方面的改革，对自由主义和社会主义的融合进行了论述和阐释。傅斯年坚持社会主义理念除对国情的认识外，另外的一个原因是他的社会实践。傅斯年一生参与的社会活动多是社会上层，但许多情况下他个人却生活在社会基层。他出生于破落的书香门第，幼年时期温饱问题无法保障，少年、青年求学时完全是靠别人的资助才得以完成学业。他不止一次地述其早年生活说："我出身于士族的贫家，因为极穷，所以知道生民艰苦。"官费留学期间，国内军阀混战，官费停寄，家中只有老母弱弟无法接济，他的生活更是窘迫，经常因生活无着而苦恼。回国后，尤其是抗日战争时期，不仅他个人生活拮据，他周围的人们都生活在艰难困苦之中。他曾多次向各处求援解决同事陈寅恪、梁思成、董作宾等学人的衣食问题，甚至不止一次地卖书解决下属好友的燃眉之急。至于傅斯年所了解的基层民众的生活更是艰难，他曾在国民政会几次提案要求国民党政府赈济受灾民众，他在提案中曾沉痛地叙述民众的生活状况："老弱妇孺，奄奄待尽；少壮转徙，无以为生……现值麦秋未届，青黄不接之际，若不急施拯救，诚恐全活无几。"由于天灾人祸，民不聊生，有力者逃荒在外，"其无力逃徙者，则相率坐以待毙，地亩荒废，耕种无人，惨苦情形，实难尽述"。在傅斯年的视野里，一方面是豪门资本巧取豪夺，化国为家，侵吞国有资产，把巨额的国家资本据为己有，一方面是广大民众在贫困的死亡线上挣扎；一方面是抗日的将士在前方忍饥挨饿，与敌人厮杀，一方面是达官豪富在后方奢侈腐化，挥金如土。这种截然不同的局面深深地刺激着傅斯年，使他一次又一次地呼吁实施孙中山的民生主义，实行经济改革，铲除豪门资本，缩小贫富差距，在全社会实施温和的社会主义制度。这是傅斯年一再强调自己坚持社会主义理念的基本原因。

傅斯年对自由社会主义思想的论述主要集中于《罗斯福与新自由主义》等一系列时论中。他认为，自由主义渊源于欧洲

113

宗教革命和文艺复兴时期，而兴起于美国独立战争和法国大革命时期，而后随着社会经济的发展，"在美国独立、法国革命之后的十九世纪，自由主义却因与资本主义配合而变质了！英美地区的资本主义在发展过程中一方面利用自由主义，一方面将自由主义排斥出社会经济领域"。经过近百年的变化，直到美国总统罗斯福时代，才改变了自由主义为资本主义利用的局面，开始用新自由主义理念指导经济领域的改革。傅斯年对此论述道："人类的要求是自由与平等，而促成这两事者是物质的和精神的进步。百多年来，自由主义虽为人们造成了法律的平等，却帮助资本主义更形成了经济的不平等，这是极可恨的。没有经济的平等，其他的平等是假的，自由也不是真的。但是如果只问平等，不管自由，那种平等久而久之也要演出新型的不平等来，而且没有自由的生活是值不得生活的，因为没有自由便没有进步了，所以自由与平等不可偏废，不可偏重，不可以一时的方便取一舍一。"显然，傅斯年所信奉的新自由主义，除政治上的自由和民主之外，还包括了经济平等的内容。傅斯年强调的社会主义理念在稍后发表的《评英国大选》一文中进行了阐释。他说："我平生的理想国，是社会主义与自由并发达的国土，有社会主义而无自由，我住不下去；有自由而无社会主义，我也不要住。所以我极其希望英美能作成一个新榜样，即自由与社会主义之融合。"傅斯年认为，西方温和的工党社会主义与孙中山倡导的民生主义有许多相似之处，他曾不止一次地强调："民生主义就是温和的社会主义，合于中国现状的社会主义。中英国情不同，他们当前要解决的问题是工业，我们当前要解决的问题是农民，问题虽不同，而其为温和社会主义的方案则同。"傅斯年坚持的社会主义主要是国家要对经济进行干预和管制，其中对关系国计民生的经济领域要实行国有化，缩小贫富差距，逐步实现经济平等。傅斯年在文中呼吁中国政府效法英国工党，实行改革，真正实现孙中山的民生主义也就是合于中国现实状况的社会主义。

受自由社会主义思想理念的指导和制约，傅斯年的社会政治活动主要表现在三方面。

第一，坚持参政而不从政，对现时政权保持批评的自由和权利。傅斯年曾说："我要言论自由，向来骂人的……我骂人惯了，一做官即为人骂，这是保持言论自由。"抗日战争胜利后，蒋介石曾极力罗致傅斯年从政，傅斯年坚持不肯，在致蒋介石的信中反复陈述不从政的原因。他说："惟斯年实一愚憨之书生，世务非其所能，如在政府，于政府一无裨益，若在社会，或可偶为一介之用。盖平日言语但求其自信，行迹复流于自适……参政员之事，亦缘国家抗战，义等于征兵，故未敢不来。今战事结束，当随以结束。此后惟有整理旧业，亦偶凭心之所安，发抒所见于报纸，书生报国，如此而已。"傅斯年自由主义思想意识始终制约着他不从政，不进入政治的旋涡中。

第二，傅斯年之所以把自由主义加社会主义作为自己的社会理念，是基于他对中国国情的认识和他对社会生活的实践。他对于当时的国情认识是，在中国，资本可分为三类：国家资本、官僚资本、权门资本（也称豪门资本）。国家资本有名无实，他解释说："国家资本的发达是走上计划经济、民生主义、温性的社会主义必由之路，所以如果办得好，我是百分的赞成。这些年国家资本相当发达，但内容和表面大不相同……推其原因，各种恶势力支配着（自然不以孔宋为限）豪门把持着……恶势力支配，便更滋养恶势力，豪门把持，便是发展豪门。"傅斯年认为，官僚资本包括"上自权门，下至稍稍得意稍能经营的公务员"，几乎包括中国的资产阶级及上等的布尔乔亚。但是中国的小官僚资本托庇于大官僚资本，大官僚资本托庇于权门资本。关于权门资本，傅斯年对此论述说："权门资本本是官僚资本之一类，然而其大无比，便应该分别看了。这些权门资本，一方面可以吸收、利用、支配国家资本，一方面可以吸取、保护（因保护而受益）次于他的官僚资本。为所欲为，愈受愈大。"总之，权门资本支配和控制了国家资本和官僚资本，把握了国家经济命脉，造成了严重的贫富不均和对立。对此必须进行改革，铲除豪门资本，侵犯和剥夺既得利益，实行民生主义。他曾强调："要社会公平，必须侵犯既得利益，要实行民生主义，必须侵犯既得利益。"而他所说的"民生主义不是资本主义，而是最温和的社会主义"。自由社会主义的思想意识指导着傅斯年经常性地反对贫富不均现象，尤其是抨击政治权贵利用政治经济特权贪污中饱，掠夺国家财富，肆意挥霍；为解决下层民众的贫困而呼吁，要求进行政治经济改革，实行经济平等，缩小贫富差距。

第三，坚持不组党结派，独立行使个人意志，是傅斯年自由主义理念的行事原则。1947年2月，他在致胡适信中特别强调："自由主义者各自决定其办法与命运。"他向胡适陈述了自己的想法，坚决不入政府做官，"一入政府即全无办法。与其入政府，不如组党；与其组党，不如办报……但办报也须三思，有实力而后可"。也就是说不从政，不组党，在实际生活中他始终坚持这个原则。1947年3月，蒋廷黻致信傅斯年商量组建中国社会党，并起草了党纲，征求傅斯年的意见，傅斯年始终没有同意。傅斯年就任台湾大学校长以后，陈诚也曾找傅斯年商谈组党事，傅斯年也没有应允。这说明傅斯年始终是以自由主义身份参与社会和政治，并没有实际投身政治的意念，也始终不组党成派，从事政治活动。

第 5 章

教育实践与思想的成熟

　　傅斯年一生没有真正离开过教育领域，1926 年之前的十几年时间里系统接受了中外高等教育，欧洲留学归国后的二十余年里先后在中山大学、北京大学、台湾大学，或任教，或兼职，或任教育行政职务，始终没有脱离高等教育领域。

一、兼理北大文科研究所

　　1929 年，史语所迁至北平后，与北大等名校的交流日益增多。为了实践自己的教育理想，培养优秀的青年学生充实历史语言研究所的研究队伍，傅斯年受聘到北京大学做兼职教授。期间，傅斯年从北京大学的优秀毕业生中选拔了不少的杰出人才，如胡厚宣、张政烺、傅乐焕、王崇武、劳干等。1939 年，北大为展示国人不屈之意志并培养一批学术种子，决定恢复文科研究所，此想法得到傅斯年的大力支持，并欣然同意代理所长一职。

　　文科研究所创立于 1918 年，主要以培养文、史、哲等学科研究生为主。该所组建之初，即具有学术资料丰富、工作范围广泛、成就突出等特色。成立期间，参与了内阁档案整理、1928年至1929年西北科学考察团考古调查及居延汉简的整理工作，成就瞩目。抗战爆发后，研究所被迫停办，1939年在昆明恢复。文科研究所下设语言、文学、文字、哲学、史学五组，各组导师均聘请当时的知名学者，如汤用彤、陈寅恪、罗常培、郑天挺等均为一时之选。对于文科研究所的师资力量，傅斯年也极为满意，在1940年写给胡适的信中说：

> 北大文科研究所去年恢复，向中英庚款会捐了点小款，除教授兼导师外，请了向觉明作专任导师，邓广铭作助教，考了十个学生，皆极用功，有绝佳者，以学生论，前无如此之盛。汤公公道尽职，指导有方，莘田大卖气力，知无不为，皆极可佩。此外，毅生、公超、膺中皆热心。

在抗战期间的艰苦环境下，傅斯年在北大文科研究所职内一如既往，把教书育人和人才选拔培养当作自己的重要职责。傅斯年在声声警报中主持王利器的入学考试，更堪称学林佳话。王利器毕业于四川大学中文系，毕业论文是《风俗通义校注》，在国民党政府举行的第一届全国大学生会考中，该论文得了满分。听说北京大学文科研究所在重庆招生，他急忙前去应考。由于王利器住在僻远的山区，等赶到重庆时已误了考期。他抱着试一试的想法找到了傅斯年。傅斯年看了他的《风俗通义校注》后，决定对他单独进行考试，首场考试科目是英语。当时正处在抗日战争最艰苦的时期，敌机时常轰炸重庆。一场英语没考完，警报就响了七次，他们也往防空洞中跑了七次。在中午吃饭的时候，傅斯年告诉王利器："你明天回江津去吧，敌机滥炸重庆，很危险，不要考了。我告诉你，你早就取了，还准备给你中英庚款奖学金。你去昆明，还是去李庄，由你选择。昆明有老师，李庄，中央研究院历史语言研究所在那里，有书读。"王利器选择了李庄，直接跟随傅斯年作研究生。

　　研究所成立初期选址于昆明郊外龙泉镇龙头村，据研究所学生王玉哲回忆："北大文科研究所的导师，如罗常培先生、汤用彤先生、郑天挺先生，大部分时间和我们住在这里。他们除了到联大上课时进城外，一般都和我们共同生活，朝夕相处……研究所坐落在龙头村旁的宝台山上，设备简陋，我们住的几间小土房既是宿舍，又是图书室，连作（做）饭、吃饭也在里面。隔壁是只住有一两个老僧的破落寺院，从不见他们拜佛、诵经，而外面香客亦复鲜过。这也增加了我出门似乎旧式书院的清净生活。几十个师生除了每天读书之外，便促膝纵谈学问，别无他事。"后因史语所迁居四川李庄，研究所随迁过去。对此，郑天挺曾专门致信傅斯年商谈此事：北大研究所址，非追随史语所不可。此事已数向兄言之……北大无一本书，联大无一本书，若与史语所分离，其结果必致养成一班浅陋的学者。千百年后探究学术史者若发现此辈浅陋学者，盖我曹之高徒，而此浅陋学风为北大所轫始，岂不大糟……弟意：万一史语所与联大不能在一地，而研究生必须随史语所者，北大可每年或每学期，请一位教授随同前往，俾稍减史语所之麻烦，并负其他事务责任。

　　此事涉及问题较为复杂，但傅斯年从爱护学生的角度出发，认为在李庄为学生们创造一个读书的环境义不容辞，毅然顶住压力，最终将研究所迁至李庄。文科研究所学生到达李庄后，被安排在板栗坳与史语所一起居住、生活、学习。

　　在学习上，傅斯年对学生们督导极严，制定了"高标准要求，自由式发展"的培养模式，即要求学生学业基础扎实，学术研究能力强，但具体的研究方向可以根据个人的情况自由选择。北大文科研究所迁到李庄之前，所址设在昆明的青云街靛花巷。当时傅斯年与史语所的工作人员一起住在乡下，他经常到靛花巷了解同学们的学习情况，有时也到研究室询问同学们的学习进度。他规定史语所定期举行学术报告会，大家轮流担任报告人，读研究生的学生也不例外。王利器就曾作过一个题为《"家""人"对文》的报告，颇得傅斯年的赞赏和大家的好评。王利器是傅斯年直接带的研究生，当时傅斯年的研究兴趣主要是先秦民族史、中国古代思想史和明史，但王利器读本科的时候作的论文是《风俗通义校注》，偏重于古籍的校勘注解，在读研究生的时候，他又对《吕氏春秋》产生了兴趣。傅斯年尊重他的学术兴趣，指导他以《吕氏春秋》为题目，采用注疏体写论文，最终完成《吕氏春秋比义》的长篇论文。由于傅斯年的严格要求，北大文科研究所的学生们均极用功，不少成为以后的知名学者，如杨志玖、王利器、王玉哲、殷焕先等等。

二、代理北大校长

北大复校

1937 年 7 月 7 日卢沟桥事变爆发，北方几所大学奉国民党政府教育部命令南迁。为了便于管理和发挥集体的学术力量，傅斯年向教育部建议，将其中最主要的北京大学、清华大学和南开大学合并，组成一所联合大学。傅斯年的建议得到国民党教育部的批准。1938 年三校迁到昆明，正式改名为"国立西南联合大学"。

抗战胜利前不久，北京大学校长蒋梦麟应行政院院长宋子文之请，做了行政院秘书长。按照国民党政府的规定，政府官员不得兼任大学校长，所以他辞去了北京大学校长职务。北大校长的人选，国民党政府和蒋介石本人都属意于傅斯年，并让当时的教育部部长朱家骅将此意转告了傅斯年。然而，傅斯年却拒绝接受此职，他上书蒋介石，理由是自己身体一向不好，难以胜任，并积极推荐胡适担任。由于傅斯年陈述的理由充足，国民党政府答应了他的请求，决定任命胡适为北大校长。因为胡适远在美国未归，在胡适归国以前，任命傅斯年为西南联合大学常务委员、北京大学代理校长，负责处理北京大学的一切事务。

抗日战争胜利后，西南联大解散，三所高校陆续北迁，担任北大代理校长的傅斯年立即投入到紧张的工作中去。在北大复校的过程中，傅斯年最费心力、最感棘手的是拒绝接收伪北京大学教职人员，处理此事也最凸显他的民族意识和爱国情操，他所标榜的"汉贼不两立"观念此时表现得最为突出。傅斯年认为文人尤其是教师，为人师表，更应保持个人名节，作为全国最高学府的北京大学尤其应作表率。因此，他坚决不任用伪北大人员，伪北大教职员在国难当头之时为敌服务，于大节有亏，故不拟继续录用。

伪北大是日寇1937年底占领北平后，收罗汉奸文人，利用原北京大学的校舍和某些图书设备成立的，下设文、理、法、工、农、医六个学院，汤尔和、钱稻荪、鲍鉴清等先后任"总监督"和"校长"。日伪设立所谓北京大学的目的是对中国青年进行奴化教育，磨灭学生们的民族感情，老老实实地做日本的良民。伪北京大学于1937年建立，到1945年日军投降，一直是日伪在北京进行奴化教育和文化侵略的主要机构，也是汉奸文人相对集中的地方。

1945 年 9 月，重庆善后教育会议不久，为北京大学复原之事，傅斯年一面派郑天挺去北平进行筹备，一面发表声明，为保持北京大学的纯洁，坚决不录用伪北京大学的教职员。不久，傅斯年又派陈雪屏去北平接收北京大学校产，为学校复原作准备。11 月中旬，傅斯年到达北平，陈雪屏等人到机场迎接。傅斯年走下飞机第一句话，就是问陈雪屏与伪大学的教师有无交往，陈雪屏回答在必要的场合有过接触。傅斯年听后十分不满，强调说："汉贼不两立，连握手都不应该。"陈雪屏解释了自己的难处，说接收的学生多，北上的教师太少，根本忙不过来，只好录用了伪校一些教授。傅斯年当场表示伪校教职员要一概摒弃，坚决不录用；同时还表示要请司法部门将罪大恶极的儒林败类捉拿归案，严加惩处。

　　北平的伪教员们一看傅斯年的姿态，既惊又怕。这些人知道自己臭名在外，为虚张声势，他们组织团体，四处游说、请愿，要求北大继续留用。他们私下联合起来以罢课相要挟，并向北平行营主任李宗仁请愿，强烈要求入教复校后的北大。李宗仁虽没有答应他们的请求，但对他们持同情态度，这使伪职人员气焰更加嚣张，他们认为傅斯年是他们留北大任教的最大障碍，便使出浑身解数主攻傅斯年这块阵地。

　　1945 年 11 月 7 日，北平的伪教员们以容庚领衔发表了致傅斯年的公开信，在信中对自己降日的汉奸行为多方辩护，申述了他们在日寇占领北平时留下的原因和理由。公开信说："日寇必败，无劳跋涉，一也。喜整理而拙玄想，舍书本不能写作，二也。二十年来搜集之书籍彝器，世所希有，未忍舍弃，三也。'不曰坚乎，磨而不磷；不曰白乎，涅而不缁。'素性偏强，将以一试余之坚白，四也。"谈到出任伪教员的理由时说："沦陷区人民，势不能尽室以内迁；政府军队，仓皇撤退，亦未与人民以内迁之机会。荼毒蹂躏，被日寇之害为独深；大旱云霓，望政府之来独切。我有子女，待教于人；人有子女，亦待教于我；则出而任教，余之责也。策日寇之必败，鼓励学生以胜利终属于我者，亦余之责也。"又说："坚苦卓绝，极人世悲惨之境，果何为乎？固知吾国之不亡，教育之不当停顿，故忍受而无悔也。汉奸乎，汉忠乎，事实俱存，非及言所能蒙蔽者。"并威胁傅斯年说："天下汹汹不安，是非难定。公等所以为伪为逆者，安知不复有伪公逆公者乎？"气焰相当嚣张。

容庚，广东东莞人，致力金文、甲骨文研究，曾就读于北京大学研究所国学门。1930年，历史语言研究所迁至北平，傅斯年聘容庚为所外特约研究员，继续从事金文研究，并派所内成员何承宠、瞿润缗、孙海波协助其研究。此间，傅斯年与容庚交往颇多。1937年全面抗战开始，燕京大学南迁成都，容庚留在北平。伪北京大学建立，容庚曾任教其中，堕落为汉奸文人。所以他在致傅斯年信中特别叙述两人关系："公尝自负为'喑呜叱咤，千人皆废'之西楚霸王。庚辱知交十余年，未尝不冀公能变化气质，为豁达大度，'善于将将'之汉高祖。"从公开信可以看出，容庚等人软硬兼施，试图让傅斯年收回成命，向伪教职人员妥协。这期间，容庚还专门去重庆面见傅斯年进行游说。当容庚来到中央研究院总办事处找到傅斯年欲当面游说时，傅拍案而起，指着容的鼻子大骂道："你这个民族败类，无耻汉奸，快滚，快滚，不用见我！"第二天，《新民报》登载此事，标题曰《傅孟真拍案大骂文化汉奸，声震屋瓦》。

与此同时，周作人也曾致信傅斯年，要求傅斯年接收伪教职人员。周作人与傅斯年有师生关系。1917年9月，周作人被聘为北京大学文科教授，为文科国学门开设罗马文学史与欧洲文学史。傅斯年当时正是国学门学生，听过周作人的课，两人都曾积极参加新文化运动。1919年，傅斯年联合罗家伦等组织新潮社，出版《新潮》杂志，周作人曾为《新潮》杂志写稿，并曾参加新潮社，与傅斯年先后任《新潮》杂志主编。应该说两人曾有较多的交往。傅斯年1945年10月份在重庆发表声明坚决不接收伪北京大学教职人员后，周作人曾致信傅斯年，为自己和汉奸文人辩解，企图通过私人关系说服傅斯年回心转意。傅斯年不为私情所动，一口回绝了周作人的请求。

为了清除伪教人员的纠缠和请托，傅斯年选择伪北大校长鲍鉴清等文化汉奸为靶子，借以敲山震虎，警告其他伪教人员。鲍鉴清等人是日伪时著名的文化汉奸，附敌有据，日本投降后被国民党政府逮捕，但河北高等法院却判决鲍无罪释放。傅斯年收集鲍鉴清等人罪证，向河北高等法院提出控告，要求重新审理，对其他文化汉奸也要从严治罪。又亲自写信给国民党政府司法部长谢冠生，提供证据，要求对鲍鉴清等人依法惩治，以正国纪，打击奸伪气焰。这在某种程度上也避免了一些伪教人员四处活动，打破他们企图在北大谋一席位的幻想。

1945年11月28日，傅斯年对《大公报》记者发表谈话，再次强调："北京大学将来复校时，决不延聘任何伪北大之教职员。"12月初，他接受《世界日报》采访，发表谈话仍坚持原来立场。声明称：

一、专科以上学校，必须要在礼义廉耻四字上，做一个不折不扣的榜样，给学生们、下一代的青年们看看！北大原先是请全体教员内迁的，事实上，除开周作人等一二人外，没有内迁的少数教员，也转入辅仁、燕京任教。伪北大创办人钱稻荪，则原来就不是北大的教授。所以现在伪北大的教授，与北大根本毫无关系。二、朱部长（骝先）向我说过，伪北大教员绝无全体由补习班聘请任教之事，而系按照陆军总部征调敌伪人员服务办法，征调其中一部服务，不发聘书，与北大亦无关系。三、北大有绝对自由，不聘请任何伪校伪组织之人任教。四、在大的观点上说，如本校前任校长蒋梦麟先生，明春返国的胡适校长，北大教授团体及渝昆两地同学会，和我的意见是完全一致的。无论现在和将来，北大都不容伪校组织的人插足其间。

傅斯年在声明中强调决不录用伪北大教职员，主要是保持北京大学纯正的校风。他认为：教师是教育人的，为人师表，更应该先正己再正人，为学生作志节的表率。他承认由于长期战乱，高校缺乏师资，但不能因此而放弃最基本的原则。他申述说："人才缺乏是事实，从别的方面考虑征用未尝不可，但学校是陶冶培植后一代青年的地方，必须要能正是非，辨忠奸，否则下一代的青年不知所取，今天负教育责任的人，岂不是都成了国家的罪人。"傅斯年最后表明自己的态度说："我的职务是叫我想尽一切的办法让北大保持一个干干净净的身子，正是非，辨忠奸。"并特别强调："这些话就是打死我也是要说的。"表明了自己态度的坚决和严正。

对于伪北大教员，傅斯年绝不聘用，坚决把他们扫地出门，而对于伪北大青年学生，傅斯年则表现出出人意料的宽容。他认为青年是无辜的，在日寇侵略中国时，他们都还是十多岁的孩子，任何人都无权剥夺他们受教育的权利，虽然他们接受的是日伪政府的奴化教育，但这是迫不得已的，责任不应该由他们来负。为了争取和改造他们，傅斯年主张经过补习班学习，允许他们按志愿入北京大学学习。他在声明中强调指出："青年何辜，现在二十岁的大学生，抗战爆发时还不过是十二岁的孩子，我是主张善为待之，予以就学便利。"他的这一主张使北平数千名学生得到了继续学习的机会。

随着学生的激增，老师却没有增加，师资严重不足。面对这一困难，傅斯年立即着手聘请一批知名教授。据不完全统计，复原后北大有教师五百八十人，其中教授一百五十八人，副教授四十五人，名流云集，为一时之冠，比战前的北大毫不逊色。同时，傅斯年对北大旧址也进行了改造和扩建。傅斯年到北平后先后致信教育部、北平行营主任李宗仁、北平主要驻军第十一战区司令长官孙连仲、北平市市长熊斌，要求在学校使用土地、房舍、资金、校产等方面给予帮助和支持。在接收原北大资产的基础上，又征得改建后的相公府、东厂胡同黎元洪旧居和旧国会大厦为北大校产，建立起工、农、医三个新学院，加上原来的文、理、法学院，全校共有六个学院，成为学科门类齐全的综合性大学。

处理昆明学潮

正当傅斯年为北大复校忙得不可开交的时候，昆明又发生了以西南联大学生为主体的"一二·一"运动。正如傅斯年后来给夫人的信中所说，北京大学是两头着火，他又不得不分身去处理昆明的学生运动。

1945 年 11 月 15 日，西南联大、云南大学、中法大学和英语专科学校四校学生自治会发起，在云南大学致公堂举行反内战时事演讲会，结果遭到云南省地方当局的禁止。于是，四校自治会决定改在西南联大图书馆前的民主草坪上举行，邀请了钱端生、伍启元、费孝通、潘大逵、杨西孟五位教授发表演说，到会各大学、中学师生及社会人士六千多人。但是这次演讲会遭到地方当局派遣特务与军队的骚扰破坏。第二天联大学生率先罢课，云南大学、中法大学、昆华工校、昆华农校等十八所大中学校学生也相继罢课。到29日，罢课学校达三十四所。昆明学联组成了昆明市大中学校罢课联合委员会（罢联），选举联大、云大、中法大学、昆华女中、云大附中五校代表为罢联常委，发出《昆明市大中学生为反对内战及抗议武装干涉集会告全国同胞书》，鲜明地表达了昆明学生的政治主张和要求：立即停止内战；美国政府立即撤退驻华美军；组织民主的联合政府；切实保障人民的言论、集会、结社、游行、人身自由；抗议武装干涉集会的暴行，追究射击联大事件的责任。

面对学生的抗议，云南省代省长李宗黄等人发布命令，采取"以组织对组织，以宣传对宣传，以行动对行动"的手段，准备镇压学潮。12月1日上午八点，李宗黄、卫成司令关麟征派军警特务分头冲进西南联大、云南大学进行武装捣乱，和学生发生冲突，打死联大学生李鲁连、潘琰和昆华工校学生张华昌、南菁中学教师于再四人，重伤二十五人，轻伤三十余人，联大教授也有多人遭到殴辱。这就是震惊中外的昆明"一二·一惨案"。

当时西南联大尚未解散，校务工作由傅斯年、张伯苓、梅贻琦三人组成的常务委员会主持。惨案发生时，三人都不在昆明。蒋介石为了尽快平息学潮，不得不将关麟征"停职议处"，请云南省新任主席卢汉出面处理此事，并电令联大常委、北大代理校长傅斯年去西南联大主持工作，协助地方当局解决由"一二·一惨案"引起的学生总罢课。

12月4日，傅斯年乘飞机到达昆明，一下飞机便急着接见学生代表，详细了解学生的死伤情况。听了学生们的报告后，傅斯年义愤填膺，当即表示："关麟征杀死了我的学生，直如杀死了我自己的儿女……我一定要同他算账！"傅斯年一方面怒斥地方当局的暴行，一方面频繁地与有关负责人接触，商讨积极的解决办法。12月9日，云南省新任主席卢汉与四个学校的学生代表谈判，傅斯年参加了这个谈判。学生对《中央日报》歪曲事实把"一二·一惨案"说成是当地军警为追捕、镇压土匪而采取的军事行动一事，要求向学生公开道歉。卢汉态度暧昧，未给予正面答复。傅斯年建议用澄清事实的方式进行驳斥。于是，由梅贻琦和熊庆来校长举行记者招待会，报告了学生的具体活动和地方当局镇压的真相，《中央日报》等报纸照登，变相地澄清了原先《中央日报》的污蔑之词，暂时安抚了学生的一些情绪。

然而对此次惨案，当局始终没有给师生一个明确、公正的答复，事件进一步升级，学生运动继续发展。双方剑拔弩张，大有一触即发之势。地方当局一方面向校方施加压力，限令学生立即复课，一方面策划更大规模的镇压。12月8日，《中央日报》发表了蒋介石的《告昆明教育界书》，要求学生复课，并特别强调：目前一切问题必须以恢复课业为前提，以正常手续为解决，否则政府纵如何爱护青年，亦不能放弃教育安定秩序之职责。切望我各校当局与教职员诸君，深体此意，对全体学生剀切劝导，务令即日上课，恢复常态，务负余谆切之期盼，至深企盼！与此同时，卢汉也对学生发出最后通牒，限令学生停止一切校外活动，于17日复课，如不遵守，"决遵钧示为最后之处置，刻已准备待命"。

在这种局势下，傅斯年为避免不必要的损失和更多的流血事件发生，积极动员学生复课。15日，梅贻琦与常委会全体召集学生代表在办事处谈话，正式宣布了校方的决定。梅并且说明了学校规定 17 日全体复课的理由，和届时不复课可能招致的严重后果。接着傅斯年等依次发言，强调学生不仅应顾及为死难学生申冤，而且也应为学校前途着想的道理。然而，学生自治会召开代表大会讨论后，仍表示拒绝。果然，17 日上午梅贻琦与傅斯年巡视学校时发现，教师们均已到校各就各位，而学生还是没有上课的。17 日下午三时校方召集诸教授茶话，梅贻琦报告了近几日调处交涉的经过，明确提出，他和傅斯年对学潮事均已感觉无能为力，解决无望，打算引退让贤。随即教授们开会，一致挽留，并决定次日上午由各系主任联合召集学生代表进行劝告，下午再由各系教授向本系学生进行劝告。如仍不能有结果，则实行"总辞职"，以此向学生施压。

19 日，在有傅斯年和梅贻琦出席的教授会上，通过了再度以书面形式劝告学生的决议，同时推冯友兰等为代表，面见卢汉，请取消禁止自由集会之前令，卢汉随后痛快允诺，部分地满足了学生们的要求。政府方面有了一点让步，学生方面也明显地开始发生了分化。从 20 日开始，联大除师范学院外，学生陆续复课了。

从整个过程来看，傅斯年明显偏袒国民党政府，处理学潮中争取使大事化小，小事化了。傅斯年反对学生罢课，并不等于说傅斯年就站在了学生的对立面上，充当了国民党走狗的角色。傅斯年对学生们的这一正义行动是给予极大的支持和同情的。在处理学潮中，他一方面尽量地安抚学生们的情绪，满足他们的要求，更多的是采取各种方法使学生们尽快复课，使学生们从"党派斗争"的旋涡中摆脱出来。当然他的这种认识是错误的。尽管傅斯年在处理学潮中不能尽如人意，但从使学生避免国民党当局再次镇压，遭受更大的流血牺牲这个角度上来说，傅斯年的上述做法是有爱护学生、保护学生用意的。

三、主政台湾大学

就任台大校长

1949 年 1 月，傅斯年出任台湾大学校长，同时继续兼任历史语言研究所所长职务。傅斯年就任台湾大学校长，虽然仍不时地发表政治言论，参与政治，但主要的时间与精力投身到台湾大学的改造和建设，对政治的关心和参与不再是他社会生活的主要部分。

台湾大学的前身为台北帝国大学，是日本帝国主义占领台湾后于 1928 年在台北建立的一所综合性大学，其目的是对台湾青年进行奴化教育，培养他们所需要的人才。抗战胜利以后被国民党政府接收，1945 年 11 月改校名为国立台湾大学。接收之初，由罗宗洛出任校长。学校虽是国立的，但经费却由台湾省承担，财政上入不敷出，又加上接收伊始，一切未上正轨，许多棘手的问题急需处理。对能否办好台大，罗本人也没有信心，干脆一走了之，卷铺盖回上海了。之后由陆志鸿接任，陆学问做得很好，但行政非其所长，他在任期间台大不但毫无起色反而更加混乱。教育部部长朱家骅以其才力不济，免除了陆的校长一职，于 1948 年 5 月改派庄长恭赴台大任校长。庄长恭志大才疏，虽有把台大办好的决心，无奈所用非人，台大每况愈下，不到半年，也折戟回沪了。在这种情况下，朱家骅考虑再三，决定起用好友傅斯年。傅斯年虽有病在身，终不忍拒绝好友的盛情，再加上他热爱教育，为实现其改革教育的理想，便接受了任命。1949 年 1 月，傅斯年渡海到达台北，出任台湾大学校长。

傅斯年到台湾大学后，面临着一系列的困难：学校领导人更换频繁，导致教学管理混乱不堪；国民党政府迁台后，国民党军政人员的家属子女大量涌入台湾，要求入台湾大学就读的人数大量增加；学校经费入不敷出等等困难摆在面前。面对这些困难，傅斯年锐意革新，很快使学校走上正轨。傅斯年大刀阔斧的改革首先是从考试制度开始的。

傅斯年任台湾大学校长之前，台大新生入学考试甚为混乱，为投机作弊开了方便之门。为杜绝这一弊端，傅斯年制定了严密的考试录取制度。规定新生入学试题出若干套，而用哪一套题，则只有校长、教务长知道；对于出题、印卷之人员实行隔离，以免试题外泄；考卷也要密封，实行流水作业的方式改卷等等。后来有人回忆说：当时台大的教职员最怕的是"入闱"出题，时值盛夏，在台大图书馆的一个房间里，门窗都被密封，炎热难当，室外密布岗哨，一关就是几天，跟坐牢似的，有个老教授连氧气瓶都带进去了。对学生考试也极为严格，学生单人单桌，每一个教室都要有二至八名监考老师，门外警察巡逻；另外在录取新生时力刹说情之风。他曾三次在报端上发表声明："假如有人发现我，或其他台大主持人，以人情收容任何一个学生，那么我们便是作弊，应该受国法的惩罚，并受社会的制裁。"他在校长室门口写了这样一行大字："有为子女入学说项者，请免开尊口。"经过傅斯年的整顿，台大完全杜绝了新生入学舞弊的现象。

对学校的设施建设傅斯年也加紧进行。国民党政府撤到台湾后，中学生人数剧增，而当时台湾的大学仅此一所，根本无法容纳数目如此庞大的生源，但迫于社会各界的压力，招生人数又不得不一增再增，完全超出了它本身的负荷。学生剧增，而大教室、大实验室等一些基础设施都没有增加，理学院不能做普通化学、普通物理学的实验，工学院连画图的桌子都没有，法学院的学生上课教室容纳不下，如此等等。而最严重的还是学生的住宿问题。日本占领时期，台北帝大学生都是走读，学校不设宿舍。台湾大学建立后，远离家乡的贫苦学生逐渐增多，他们无处栖身，研究室、教室乃至洗澡间里，到处都住着学生，台大附属医院的传染病房的楼上，也住着二百多名学生。傅斯年面对这种情形，非常痛心，他多方奔走，筹集资金，一年之内便建起了可以容纳一千八百多人的学生宿舍，基本上解决了在校生的住宿问题。同时建造了一些大教室、大实验室以解燃眉之急。

与此同时，傅斯年极为重视教师质量。傅斯年认为，办好一所大学，关键是师资，他出任台湾大学校长后，对教师进行了甄别，对于那些名不副实、缺乏责任心的教师一律清除。傅斯年给每一位任课老师都发了信，大意是：不定哪一天，我也许跟教务长、贵院院长、贵系主任，到您的教室去旁听，请不要见怪。旁听不要紧，旁听后可能被扫地出门这才是关键。两年下来，因学力、教学水平低而被"听"走的教授、副教授有七十多人。另外，傅斯年还通过硬性指标淘汰不合格的教员。以医学院为例，要求每年淘汰教员或医生5%，以裁减水平低和工作不认真的人员。此举在医学院引起很大震动。向来不认真工作的教员、医生害怕被淘汰丢面子，没等傅斯年下逐客令，自己就悄悄地溜了。傅斯年虽然公事上铁面无私，但却极富同情心，其中有七位教师被解聘后衣食无着，傅斯年便多方奔走，把他们安置在台大图书馆工作。在淘汰不合格教员的同时，傅斯年广聘贤才，一大批优秀人才充实到台大的师资队伍中来，并在生活上给予尽量的照顾，以便他们能安心从事教职工作。台大有位教师李祁，是国内第一位考取庚款的留英学生，学问很好，因是单身，按照学校规定，不给安排宿舍。傅斯年为了留住这个人才，破格给她配置了住房。李祁在台孤身一人，生活清苦，闹着要离开台大，傅斯年又苦苦把她挽留下来。有一天，李祁惊慌失措地直奔校长室找傅斯年，说附近农民的一只红脸番鸭咬破了她的袜子，触到她的皮肤，她怕得"狂鸭病"。傅斯年向她解释只有"狂犬病"没有"狂鸭病"一说。李祁不信，硬要傅斯年买下那只鸭子，送到医学部门去检验。傅斯年无奈，只好照办。事情虽小，从中也可看出傅斯年对于优秀教师的关爱和照顾。

对学生的学习和生活，傅斯年也极为关心。傅斯年刚任校长时，台大的外省籍学生几乎断了炊。他闻讯后，马上令有关部门接济，甚至要把自己家的米拿到学校去，由于秘书的劝告才作罢。有一次，台大数十名学生染上疾病，傅斯年十分着急，马上下令腾出校园内空气通畅的几间房屋，供这些学生疗养，并派工友精心护理，每月送给每位病人两罐奶粉、两瓶鱼肝油和现金三十元，其他福利也优先供给。由于精心照料，这些学生渐渐痊愈。他还经常到学生食堂去了解大家的生活情况，和学生们谈谈家常，帮助他们解决困难。他尤其关心那些成绩优秀而家境贫寒的学生，一再表示绝不让任何学生因经济拮据而丧失他的学业。为此，设置了奖学金、助学金等多种形式的自助，帮助穷学生完成学业，全校大约有一千六百人拿到了这笔经费。规定学习成绩在七十分以上的贫苦学生可领到公费奖学金，入学新生获得工读补助金，成绩略差但不低于六十分的贫苦学生也可得到一定数额的资助，台湾籍学生可领取台湾省籍贫寒学生救济金，非台湾籍学生可领取救济金。这样，贫寒的学生们就不用为生活奔波，可以安心读书了。有一次，傅斯年为了发掘高才生，还在台大举行了一次作文比赛，并亲自出题、阅卷。他回家后兴奋地告诉夫人，自己看到一篇好文章，约作者面谈，果然文才非凡。这学生家境贫寒，患深度近视而不戴眼镜。傅斯年是个细心人，便托出差的朋友在香港为这个学生配了一副眼镜。傅斯年对学生的真诚关怀，赢得了他们的衷心爱戴，学生们亲切地称他为"台大的慈母"。

除了整顿内部外，傅斯年极力为学生营造一个平静的外部环境，不容许校外的政治斗争波及台大。当时国民党刚刚撤到台湾，岛内反蒋活动高涨。反蒋标语铺天盖地，学潮一浪高过一浪。军警动辄逮捕知识分子、青年学生，扣上共产党的帽子。一时间，白色恐怖弥漫全岛。

傅斯年对学潮持反对意见，不希望学生作无谓的牺牲，但也反对军警无凭无据随意抓人。傅斯年对当局不经任何手续到台湾大学逮捕师生十分不满，亲自找国民党最高当局进行交涉，要求没有确凿证据不能随便到台大捕人，即使有确凿证据逮捕台大师生也必须经校长批准，并且相约成为一项制度。蒋经国当时曾负责军警特宪事务，他要台大某人资料或对某事调查，专门写信给傅斯年进行交涉。

当时国民党政府为加强对台湾民众的控制，要求各机关学校实行联保制度，其方法是公教人员几人相互监督，相互保证对方思想纯正，没有染上共产思想，如果发现联保中有人思想不纯正，保证人都要受连累。台湾省当局也要求台湾大学师生办理这种手续。傅斯年出面对国民党当局说：凡是在台湾大学任教和服务的教职员每个人都思想纯正，没有"左倾"思想，他一个人可以保证，有问题发生，他愿意负全部责任。结果台湾大学没有实行联保制度。有人别有用心地在《民族报》发表了一封公开信，攻击傅斯年主持下的台大"优待共产党"，煞有其事地列举了两条证据。一是说台大某教授突然离开，未经系主任、院长同意，只是留信一封，说是请假，传闻先到香港，后到大陆。另一副教授张则是办好了请假手续，送家眷去广州，校方仍发薪水。二是法学院院长萨孟武"参共亲共"、台湾大学中有些院长和系主任还是共党分子或亲共分子，他们把持院系，排拒异己，把他们的院系变成"共产党细菌的温床"。面对这些不顾事实而罗织的大帽子，傅斯年大为恼火，两次在报纸上登文，一一予以驳斥，并断然表示"学校不兼警察任务"，"我不兼办警察，更不兼办特工"，若当局有真凭实据说某人是共产党，我将依法查办，若没有证据，就不能"含糊其辞，血口喷人"。

经过傅斯年的大力整顿，台湾大学重新焕发了生机，迅速成为一个师资雄厚、设备齐全、风气端正、学术氛围浓郁的综合性大学。

以身殉教

傅斯年常对人说，台湾大学校长工作之繁忙，一般人是难以想象的。他自己也知道这样下去身体迟早会垮掉，但为了渴求知识的青年学生，傅斯年放弃了休息乃至自己的健康和生命。1950年春，其多年的高血压病复发。到了夏天，又患上了胆结石。住院仅一周，他便又迫不及待地投入繁忙的工作中去了。时隔数月，傅斯年便因积劳成疾，抢救无效，长眠在工作岗位上。

1950年12月20日上午，傅斯年出席了由蒋梦麟主持的农复会的一次会议，主要讨论农业教育改进和保送台大学生出国深造的问题。在这个会议上，傅斯年提了不少意见。午饭后，他稍事休息便赶往省议会厅，参加下午两点召开的省参议会第五次会议。会议开始后参议员们主要质询有关教育行政方面的问题，主要由台湾省教育厅长陈雪屏作答，其间傅斯年也作了一次发言。下午五点四十分左右，参议员郭国基质询有关台大的问题，于是傅斯年登台答复。参议员郭国基平日在议坛上对行政方面的询问往往盛气凌人，不留情面，有郭大炮之称，而他却非常敬佩傅斯年，视其为前辈。当日向傅斯年所询问的两点本来很容易说明，五分钟便能说完，傅斯年却谈了半小时，主要是以教育家的态度，解释大学的入学考试必须杜绝情面，保持公平，不便轻易降低标准，最后他又转到贫困学生的读书问题上，讲话时情绪有些激动。无论问者、答者，双方言语都未含有火药气味。大约六点十分左右，他讲完了话，走下讲台，突然脸色苍白，步履不稳。陈雪屏见状赶紧上前搀扶，他只说了句"不好"，便倒在陈雪屏身上，从此便一直处于昏迷状态。

经过在场医生诊断，傅斯年是高血压病发作。于是大家一面用冷毛巾贴在他的额上，一面打电话通知傅斯年的夫人俞大彩。于此前后，台大医学院、国防医学院等处的著名医生也陆续赶来，经诊断，傅斯年得了脑溢血，当即进行紧急抢救。这时，台湾政界要人如王世杰、陈诚、何应钦、程天放、罗家伦、朱家骅等，学术界人士如李济、董作宾、毛子水、劳干等，纷纷赶来探视病情。蒋介石闻讯后，嘱咐陈诚动员台湾所有名医，不惜任何代价，抢救傅斯年，并要陈诚每过半小时向他汇报一次。晚上九点左右，傅斯年血压降低，病情出现好转，到了十一点，血压又突然上升，十一点二十三分，傅斯年停止了呼吸。

12月21日，台湾大学停课一天，由各院系学生代表联合会组织学生前往殡仪馆向傅斯年遗体告别致哀。上午十点，数千名学生高举"痛失良师""国失桢干"两大白色横幅，各佩黑布条来到殡仪馆，无不痛哭失声。

12月22日，傅斯年遗体大殓。早晨七点，人们便陆续涌至殡仪馆，其中有台湾学者、名流、傅斯年的亲友同事、台大师生，也有不少国民党高级官员。在通往火葬场的路上，上千人冒着雨，踏着泥泞的道路为傅斯年送行。许多学生跪在泥水里，头上扎着白布，含泪目送灵柩，并高举着横幅："校长，你再回头看我们一眼。"

12月31日，在台湾大学法学院礼堂举行了傅斯年追悼会。蒋介石亲临致祭，各界要人纷纷前来，参加追悼会的共有五千多人。各界致送挽联二百七十余幅，挽诗六十余首，挽词二十余首，专刊登载纪念文章一百一十余篇。

台湾大学全体师生挽联曰："早开风气，是一代宗师，吾道非欤？浮海说三千弟子；忍看旌旗，正满天云物，斯人去也，哀鸿况百万苍生。"

中央研究院历史语言研究所全体同人挽联曰："二十二载远瞩高瞻，深谋远虑，学术方基，忍看一暝；五百年名世奇才，阃中肆外，江山如此，痛切招魂。"

此外，台湾各界名人也致送了大量挽联，其中较典型地反映傅斯年生平的，如于右任挽联曰："是子路，是颜回，是天下强者；为自由，为正义，为时代青年。"

叶公超挽联曰："有正义感，说老实话，君敢做，人未必敢做。叩余勇气何来？曰赤子之心未失；倡科学风，严真伪辩，人云然，君讵尽云然。治史精神若此，知先生之道长存。"

台湾大学为纪念傅斯年校长，特在其实验植物园里建造了一座罗马式纪念亭，亭中砌成长方形墓一座，墓前立有无字碑，修有喷水池。园中有兵工署捐赠的一座纪念钟，钟上铸有傅斯年提出的校训"敦品、励学、爱国、爱人"八个大字。人们称其安葬地为"傅园"，称那口纪念钟为"傅钟"。每日上课、下课时，深沉悠扬的钟声响起，激励着台大的莘莘学子努

力学习，也勾起人们对这位伟大教育家、历史学家的无限
怀念。

四、傅斯年的教育思想

20 世纪 30 年代的教育构想

　　傅斯年长期从事高等教育的实践和研究，逐步形成了独特
的教育思想体系。在教育思想上，傅斯年有着一个变化过程，
他在欧洲留学七年，对英德的教育状况、教育制度有较多的了
解。回国后，他主张效法德国，在大学实行讲座制，注重学术
研究。他阐述自己对西方各国教育的态度说："我以为，学外
国要选择着学的，看看我们的背景，看看他们的背景。当然，
定一种制度也和定民法、刑法一样，完全求合于当前的环境，
便不能促成进步，完全是理想，便无法实行，当然混合一个
才好。即如在学校制度上学外国，要考察一下他们，检讨一
下自己，欧洲大陆的学校制度，有很多的长处，然而我们没
去全学……"

　　20 世纪 30 年代以前，学校教育内容与社会需求严重脱节。
在某种意义上说，教育不仅不能为社会提供有用人才，而且成
为社会的负担。在这种情况下，从 30 年代初期到中期，在中国
教育界开始了一场较大规模关于教育的讨论。傅斯年积极地参
加了这场关于教育的大讨论，从 1932 年 7 月开始，连续发表了
十几篇文章，对教育的现状、教育与政治、经济、国家民族的
关系等一系列问题提出了自己的见解。

　　他在 1932 年发表的《教育崩溃之原因》中认为，教育在
当时仍没有摆脱士大夫教育的传统，教育内容与社会现实严重
脱节，已经呈现出总崩溃的形势，并且认为许多人所标榜的清

末至民国初年的新式教育基本上不存在。傅斯年指出：中国在封建时代，"读书为登科，登科为做官"。清朝末年兴办所谓的新教育，虽然教育体制、教学内容有所改变，但是学生的出路并没有多大改变，把新教育与旧科举联结在一起，仍把学生培植在"读书—登科—做官"的土田上，所学的多是教条的、僵化的东西。傅斯年认为：要挽救教育，必须改变教育方向，注重知识与实践相结合，培养既有科学知识，又能把科学知识运用于社会实践，为社会服务的新型人才，埋葬旧的八股式教育和封建专制统治下的士人习气，只有这样，中国才能与封建传统决裂，进入近代化。为此，傅斯年首先将矛头放在对传统教育的批判和改革上。

其一，批判传统读书做官的士大夫思想意识。历史证明，改革行政体制容易，变革思想意识困难，这在中国的近代教育变革方面表现得特别明显。清朝末年，一些具有新思想的人士认识到封建传统的教育和科举制度不改革势必导致中国亡国。清朝统治者迫于内外压力，开始设立新学堂，学习西方，改革教育内容，但是从学生到社会，思想意识并没有多少改变。辛亥革命后，孙中山自信地向教育界宣告："今破坏已完，建设伊始，前日富于破坏之学问者，今日当求建设之学问。"民国政府对教育体制进行了一系列改革。蔡元培出任第一任教育总长，提出五育方针，废止尊孔读经，倡导男女同校，试图改革教育的传统思想意识，但自袁世凯执政，封建传统的教育内容和思想意识又有所恢复。这种状况使许多教育家认识到：几千年的封建教育，以儒家文化为主要内容，以培养仕宦之才为主要目的，由此而产生的重道轻艺、贵义贱利、读书做官的教育观念和价值取向，已经广泛地渗透到社会各阶层，形成了一种深沉的文化心理积淀。要改革教育，必须首先改变旧的思想意识和观念，至少要与教育体制和内容改革同步进行。傅斯年早在青年学生时期就认识到中国的所谓新式教育，实际上仍是传统封建教育的继续。他在 20 世纪 30 年代曾深刻地指出："中国的学堂教育自满清末年创办的时候起到现在，从不曾上过轨道，而近来愈闹愈糟，直到目前，教育界呈露崩溃的形势。"其根本原因是"学校教育仍不脱士大夫教育的意味"。他认为改革教育必须重视改革传统的士大夫思想观念。"去遗传的科举思想，进于现世的科学思想；去主观的武断思想，进于客观的怀疑思想；为未来社会之人，不为现在社会之人；造成战胜社会之人格，不为社会所战胜之人格。"只有教育思想意识的改革才能促使教育彻底改革。从此以后，改革中国传统的士大夫思想观念就成为傅斯年在教育方面的重要主张。

其二，对以儒家经学为主的教育内容的批判。儒学经典是中国传统文化的主体部分，也是秦汉以后教育的基本内容和选拔人才的基本依据，几千年来一直为统治阶级所提倡和推崇，直到近现代在思想教育领域仍然有相当的权威性，传统文人将其视为"国粹"而加以保护。批判传统儒学、反对读经成为教育界长期争论的重点问题。而在对儒学坚持批判、反对读经的阵营中，傅斯年一直是著名的斗士。早在新文化运动时期，傅就追随蔡元培、胡适、鲁迅等人，对尊孔读经进行了激烈的批判。傅斯年认为，经学从来就是专制统治者愚弄士人知识分子的工具；在现代，经学作为学生学习内容，不可能促使国家强盛、社会进步。他说："读经从未曾独自成功过，朝代的缔造也不曾真正靠它过，只不过有些愚民的帝王用它笼络学究。"尤其是历史发展到现代，学生迫切需要科学知识，而统治者提倡读经，是背离社会发展方向的。他强调指出："六经中的社会不同于近代，因而六经中若干立义不适用于民国，整个用它训练青年，不定出什么怪样子，更是不消说的了。以世界之大，近代文明之富，偏觉得人文之精华萃于中国先秦，真正陋极了。"因此，他坚决反对学校读经，主张以现代科学知识作为学生学习的基本内容。

其三，反对压抑个性的传统教育方式。发展和压抑个性是中国近现代资产阶级教育和封建传统教育的重要分歧，传统的封建统治者和教育家都十分重视设置规范，培养人们服从的习惯，极力压抑个性，培养人遵从专制统治，他们强调的忠、孝、恭、敬等都是培养奴性，要求人们无条件服从君父长上，泯灭个性。而资产阶级教育家和民主主义革命家则强调发展个性，独立、自由地认识自然和社会，充分发挥个人才能。傅斯年将这种思想阐发为"为公众的福利，自由发展个人"，从而进一步阐述了个性与社会的关系。为什么要强调个性，傅斯年认为，社会的"善"是"个性"发展的结果，"'善'是'个性'发出来的。没有'个性'就没有了'善'"。他主张培养和发展个性，不仅是他一生的行为准则，而且是他教育思想的组成部分，也是他教育思想中有价值的成分。

在对传统教育思想批判和否定的基础上，如何吸收西方的教育经验、借鉴西方的教育制度，如何使西方教育与中国现实教育融合，发挥两者的优点，改正中国教育方面的弊端成为急需解决的问题。傅斯年认为，一味地模仿美国并不符合中国的国情，因为美国教育体制过于强调教育学一类课程，搞乱了中国的教育体制和教育内容。他说：

> 我没有留学或行走美国之荣幸，所以我于哥伦比亚大学的师范学院诚然莫测高深。不过，看看这学校的中国毕业生，在中国所行所为，真正糊涂加三级。因此我曾问过胡适之先生："何以这些人这样不见得

不低能?"他说:"美国人在这个学校毕业的,回去做小学教员,顶多做个中学校长,已经稀有了,我们却请他做些大学教授,大学校长,或做教育部长。"这样说来,是所学非所用了,诚不能不为这些"专家"叹息!这些先生们多如鲫,到处高谈教育,什么朝三暮四的中学学制,窦二墩的教学法,说得五花八门,弄得乱七八糟。

傅斯年在详细比较了欧美各国的教育体制和教育制度后,更倾向于欧洲,尤其是德国的教育制度。他认为,大学应注重学术研究,中学应强化主干课程,科目要减少而内容应加深,而这二者尤其德国比较理想。他曾论述说:"中小学课程要门类少而内容充实一事,似乎也不是一件可以争论的事……至于德国,其中学之 Oberprima Prima Sekunda 对每科目所要求者如何,更不待论。德国中学本有好几种,战后渐渐会通之,会通之结果,科目并不加多,而内容转加深些,至少在算学、理化、近代语言上说是如此。我所见者如此……这十多年来,中国教育制度日趋于美国化,而中国之课程程度日浅,科目日多。其中有些科目我们当年真正做梦也想不到,如所谓文化史者及所谓社会科学者,即其一二也。"他号召中国向德国学习,反对美国化。

关于高等教育,傅斯年认为高等教育是学术研究的基础,大学是培养学术研究人才的基地。高等教育的发展是国家强盛的先导。傅斯年认为,中国高等教育是从古代国子监和地方书院演变而来的。中国古代书院制度发展到清代,其讲学及研究虽然方法原始,但颇有些教学和学术研究相结合的意味,这种方法因清末实行所谓新式教育而中断,而兴起的所谓高等教育虽又有几十年的历史,仍没有走上轨道,无法与世界上先进国家的大学相比拟。高等教育要进行改革，其改革设想有许多合理的成分，从他设计的方案来看，比较注重以下几个方面。

其一，大学教育重点是学术教育，要注意培养学生的学术研究能力。傅斯年认为：大学教育是培养一个人入于学术法门的，虽然也不能忽略知识的传授和技能的培养，但传授是以方法为主，不以具体知识为主。所以说，大学教师对于学生是引路者，学生对于教师是预备参与者，一旦掌握了进入学术研究的方法或工具，便可以进入研究领域。因此，他强调指出："大学各科虽不同，皆是培植学生入于专科学术之空气中，而以指导者给予之工具，自试其事者也。因此情形，大学生实无分年的全班课程之可言，今之大学多数以年级排功课，乃将大学化为中学，不持浪费无限，且不能培植攻钻学术之风气。"

其二，大学教授的地位和权利。高等教育如何才能成为学术研究机构，关键是有一批学识丰富的教授。傅斯年认为，一所大学教授的数量和质量，关系着一所学校的前途和命运，国家专业研究人员的数量和程度，决定着国家的存亡兴衰。因此，一所大学的关键是教授的状况如何，其学术水平及其在学术界的地位不仅决定着学校的地位，而且关系着这所学校的兴衰和前途，应该引起学校行政领导的高度重视。学者一旦被认为有教授资格，就应受到保护，不能随便免职，同时为了鼓励学者进行深入研究，其认定资格的时间为三年，三年中不曾有新贡献者，便失去了被保障的权利，这样既是对教授的督促，也为新进人才提供了条件。

其三，高等教育和学术研究要有相对的独立性。傅斯年主张教育独立和学术自由。中国要想发展教育和科学技术，必须做到两点。一是教育独立。这种独立主要表现在两个方面，即人事独立和教育经费独立。这两者都是有针对性的。人事独立，即国家组织教授资格审查委员会，对教授进行审查，一旦审定就不能随便变更，由专家治校、教授学生和进行学术研究。二是保持教育界的稳定。现实政权干涉教育，正如傅斯年所批评的"请教授全不以资格，去教授全不用理由"，完全凭权贵的个人意志，或者随便更换校长；每一个新校长到任，随自己的意志更换教师，使教师不能安心教学和学术研究。这些都破坏了教育界的稳定。教育界不稳定，教师不安心，其他自然无从谈起，傅斯年强调教育独立，是保证教育稳定的一个前提条件，而两者又有着密切的联系。这可以看作一个问题的两个方面，而核心依然是教育独立。

高等教育思想的形成

出任台湾大学校长后，傅斯年对直接为国家输出人才的高等教育更为重视，即想写一部书述说他的设想和构建，但天不假年，心愿未遂而逝。但是从他在台湾大学发表的论文、演讲和报告中，我们仍能看出，在此期间，他对高等教育建设和改革提出了许多真知灼见。

高等教育的中心是什么，这是傅斯年极为关注的一个问题。在傅斯年看来，高等教育就是指学术教育，高等教育应以学术教育为中心。但是在傅斯年看来，民国时期，中国的大学只是一个大的学堂，与学术无关，虽然自民国五六年北京大学侈谈新学问以后，"一般对大学及学术制度的观念进步得多了，不过，今之大学仍然不是一个欧洲的大学，今之大学制度仍不能发展学术，而足以误青年，病国家"。为改变大学学术缺乏的状况，确立大学以学术为中心的地位和作用，傅斯年提出了自己的建议。

其一，实行讲座制。讲座制是傅斯年心目中一个理想的教育制度，他认为在大学里实行讲座制，并在"教与学的自由"的前提下给予尽量的发展，这是实现"学术进步的必要条件"。关于讲座制度的含义，傅斯年在《台湾大学与学术研究》一文中解释说："讲座制度，顾名思义，包含内外两个意思：内的含义是，一个担任讲座的教授，有很大的独立性，除去事情关系全校者外，他自己是可以决定的，而关于全校的事情的集中性，也要减之又减。外的含义是，一个大学是若干讲座的集合体。在此原则上建立大学的制度。"由此可见，傅斯年心目中的讲座制度，就是担任讲座制度的教授，在教学和研究上有很大的自主性和独立性，受外界的干预很少，用他的话说：他可以"自我作主"，可以"只凭自身的计划，外来的方案减少到最低限度"。

正是为了维护大学教学和研究的独立性，确立大学以学术为中心的地位，引导学生进行学术研究，傅斯年在 1932 年发表的《改革高等教育中几个问题》一文中，便大力主张在大学实行讲座制。而后在他发表的《大学研究院设置之讨论》一文中，更是明确提出了"大学要办研究之前，有一先决条件，即大学本身先要充分地实行讲座制"。他认为在讲座制下，"担任一科讲座的教授，应负对此一科之'教学相长'的责任；他不是单独的教书者，而应该是一个求学者；他不是在那里做一个知识贩子，虽然贩卖知识是不可避免的，而应该自己有贡献于他的科目。在这一制度之下，一个讲座之担负者，便是一研究员，其对高级优越肯去专研的学生，便是一个研究导师。如能奋斗出一个小组织来，有助手，有设备，便是一个小研究所"。他指出，在大学建置其研究院之前，应该先使得大学成大学，即彻底地建设大学的讲座制。显而易见，傅斯年之所以要在大学实行讲座制，是因为他心目中的讲座制，是建设研究性、学术性大学的基础，是推动大学学术研究发展和进步的重要一环。

其二，高年级实行选课制度。1949 年，傅斯年出任国立台湾大学校长后，其有关选课制的思想进一步系统化和具体化。他在《台湾大学选课制度之商榷》一文中指出："大学必须有基础的训练，既以补救中学教育之缺点，又以建立大学教育之基础，然以必须在可能范围内有选课择师之自由，否则不成其为大学。"正是在这种思想指导下，傅斯年为台湾大学选课制作了具体规定，指出大学在一、二年级所开设的必修科目，是学生基础训练所必需的，因此学生在这个阶段没有选课的自由；三、四年级的学生在前两年基础训练的基础上，则可以充分采用选课制度，具体办法如下：部定必修科目中之必修课，在一、二年级未习完者，均列入此两年级；部定本系必修科目学分之最小限度，自当采用，但并不分别学年、学期，将必修科目之年级打通，在此等必修科目之外，一凭学生自由选择，如得系主任同意可以选到别系别院去；每学期之选课，有最小限度，否则四年毕不了业；亦有最大限度，否则三个学期用两个学期来学，一定学得荒唐；至于要读什么，只要不违部章总数，到不必限制；每一学生在每一学期或学年中，学习的科目不可多，而每一科目的分量要重，要充实，断不可轻描淡写，便成一课。傅斯年认为，这样的选课办法，才是真正的大学办法，体现了大学基础教学与学术教育的结合，用他的话讲，不仅"发挥大学精神"，同时也"促进学术空气"。

其三，以学术造诣为选拔和集中人才的标准。选课制度能否实行下去呢？关键在于教授水平如何，就在于集中人才，要有一支学有专长、尽心尽职的师资力量。能否聘到优秀的教授，能否集中优秀人才，是能否办好一个大学的关键所在。

"一分人才一分成绩，半分人才半分成绩，毫不含糊。校长坏了，固然可以把学校弄得很糟，校长不坏，也没法子把学校弄得格外的好。学校的好不好，糟不糟，只是一句话，人才集中不集中。"

傅斯年担任台湾大学校长后不遗余力地广聘人才，同时制定了"教员聘任及升级标准"六条，强调"学术上之成就或贡献以见于著作及发明者为限"，"任教之经历以年资及教学成绩为准"，又据此基本标准制定了详细的实施细则。他特别强调，聘请教师，集中人才，绝不以人的声望、"功名"、资历为标准。他说：

> 有所谓"名教授""老教授"者，这应该分别说。"名"而有实，自然很好；如果"名"只是报纸上多见，各种职员录上多见，还是不名的好。"老"而造就出好些好学生，自然好，若果老字的解释只是教育部或教育厅的二十年二十五年之说法，或者三年一迁地方，则不老也好。我心中预备着集中的人才，在学问上已经有建树的，固然很要紧，而学问上已经有萌芽，前途大有希望的，年轻力壮，尤其要多多注意。

显而易见，傅斯年要选拔和集中的人才，是要把那些在学术上有建树、包括那些有培养前途的青年学子选拔到大学教师队伍中来。

主要教育理念

就中国现代教育家而论，傅斯年的教育思想在许多领域没有开风气之先，却有继承、发扬光大之功，他所强调的办教育的原则和理想也符合时代和教育的一般规律，可以说他的教育思想自成体系，许多思想适合于时代。具体来说，以下几个方面的思想观念确立了他在中国现代教育史上的地位。

其一，教育兴国思想。每一个时代的知识分子都有自己的使命，而对于这种使命的态度和担负的责任是评价具体人物的基本标准。中国近现代是民族危机严重的时代，因此救国是中国人民最迫切、最艰巨的使命，知识分子在这种神圣使命中充当什么角色、担当什么责任是每个知识分子所必须认真考虑的。具体到怎样救国、依靠什么救国，则是一些有识之士积极思考和认真探索的。傅斯年是二十世纪三四十年代教育救国论的中坚分子，他认识到救国首先要改造国民性，提高民众的基本素质和爱国热情，要达到这个目的，只有教育最为有效。他从青年时代决心献身教育事业，一生无悔无怨，实践他教育救国的理想。正因为如此，他作为教育家来说，没有注重探讨教育的具体理论和方法，而一直追求教育的社会效果和目的，时刻注意的是为社会培养和输送有用的人才。他心目中的有用是指有爱国思想和有科学技术知识两个方面内容。首先是具有爱国的思想。他在抗战期间曾检讨教育说："新教育之表现其力量，这里所谓新教育，专自清季以来之新制而言，尤其着重'"五四"以来'之开明运动，近几年中之民族主义教育。在今天，回想我们在小学时代——清光绪末年——真正是两个世界了。现在的青年，以考上空军学校、炮兵学校为荣，尤其是在好家庭中之青年，有此志愿，至于一般'老百姓'，爱国心之发动，更可以看出时代的转变。诚然，受新教育者尚有不少的人去做汉奸，可见在教育上还要努力。但是以百分比例算去，可见目下的局面出在二十年前，或十年前，汉奸要多好些倍。"傅斯年所注意的是新教育对于提高民众素质、抗战救国起了作用，产生了良好的效果，他对此深感欣慰。可以说，傅斯年从事教育的主要目的是爱国、救国，动员全国人民努力奋斗，摆脱帝国主义的侵略和奴役，走向独立和富强，他一生为此进行了长期奋斗并作出了重要贡献。

其二，教育独立观念。 在中国现代化过程中，由于西方教育理论不断输入，各种教育学说在中国流行，同时由于中国知识界、教育界的觉醒，对各种教育理论、学说进行研究、融合，形成了许多派别，组合为各式各样的理论体系，又融汇成许多思潮。其中包括教育独立思潮、平民教育思潮、乡村教育思潮等，在这些教育思潮中，以教育独立思潮、平民教育思潮影响最大。傅斯年是教育独立思潮的代表人物之一，他与蔡元培、胡适等人为教育独立进行了长期奋斗。从某种意义上说，20 世纪 30 年代以后傅斯年成为教育独立思潮的主将，他一生为教育独立而积极努力。在三四十年代他就强调，教育不独立是办不好的，反对各级政府干涉教育。他晚年任台湾大学校长，此点表现得更为突出。他极力坚持教育独立，反对政治干预。他任台湾大学校长期间，正是国民党政权撤退到台湾初期，这个时期局势混乱，政治斗争激烈，国民党政权为了稳固一隅统治，实行白色恐怖，乱捕乱杀，对台湾大学师生也是如此。傅斯年对此不满，亲自出面和国民党政府交涉，不准军警随便到台湾大学逮捕师生，即使有确凿的证据，逮捕人也必须经校长批准，并且定为一项制度，形成这样一个传统，至今仍继续保留。傅斯年坚持教育独立，目的就是反对政治势力和专制统治者控制教育，把学生培养成自己的工具。傅斯年作为大学校长更坚持自己的独立地位，不似政府官员那样有严格的等级思想。有一件事很能说明他的这一思想和态度。据记载，1949 年，盟军统帅麦克阿瑟访问台湾，当时国民党政府刚退守台湾，迫切需要美国军队的保护，因此视麦克阿瑟为太上皇。蒋介石亲率五院院长、三军总司令等政要到机场迎接，并通知希望傅斯年到场。傅斯年虽然去了机场，但表现了与众不同的风格。第二天报纸登载的照片上，当天在贵宾室就座的仅三人，蒋介石、麦克阿瑟和傅斯年，其他五院院长及政要垂手恭候，三军总司令则立正站立。傅斯年坐在沙发上，口叼烟斗，翘着右腿，潇洒自若。当日报纸的新闻特写说："在机场贵宾室，敢与总统及麦帅平坐者，唯傅斯年一人。"当时有人引《后汉书》范滂评述郭林宗的语言称赞傅斯年："隐不违亲，贞不绝俗，天子不得臣，诸侯不得友，吾不知其他。"傅斯年教育独立的观念，实际上是在某种程度上包含了中国传统中最有价值的"道德"观念和西方的自由平等观念。

其三，教育机会平等的观念。一般说来，虽然教育本身没有阶级性，并且历代教育家都曾提倡有教无类、教育平等的思想观念，但是实际上教育是阶级统治的工具。在阶级社会，教育始终是为统治阶级服务的，教育平等很难切实实施。傅斯年作为具有自由主义倾向的教育家，虽然他不可能向教育民众化方面走得太远，但他却是一生都在努力实施教育机会均等的理想。他从早年起就一再强调贫富人家子弟受教育的机会应是均等的，虽然他自己也认为这在当时是不可能的，但是作为他的理想和追求，他一生都在为实现他的理想积极努力。他在任职中山大学、兼职北大、参与教育讨论时不止一次地提出以多设奖学金的方式帮助出身贫苦的优秀子弟，使其不失去求学的机会。他在出任台湾大学校长后，更是在力所能及的范围内实现自己的理想。他在台湾大学设置了多种奖学金、奖助金，如工读奖助金、成绩奖、台籍贫寒学生救济金等。除此以外，他还多方设法，争取给贫苦学生学习以方便。更为难得的是，他把这一切作为办学的一项目标努力促其实现，他去世前列席台湾省参议会，回答参议员对台湾大学校务的质询。在谈到扩大招生和保留奖学金制度时，他坚决地说："奖学金制度不应废止，对于那些资质好肯用功的，仅只为了没钱而不能升学的青年，我是万分同情的，我不能让他们被摈弃于校门之外。"他强调说："我们办学，应该先替学生解决其所有之困难，使他们有安心求学的环境，然后才能要求他们用心勤学。如果我们不先替他们解决，不让他们有求学的安定环境，而只求他们努力读书，那是不近人情。"他当时说这话是有所指的，心情激动，几秒钟后便猝然昏厥，这几句话便成了他最后的遗言。

附　录

年　谱

1896年　3月26日（农历二月十三日），出生于山东聊城北门内祖宅。

1901年　春，入聊城孙达宸私塾读书，平时祖父傅淦在家督导其学习。

1904年　5月，父傅旭安卒，享年39岁。

1905年　春，入东昌府立小学堂读书。

1908年　随侯延塽去天津求学。

1909年　春，考入天津府立第一中学堂，开始接受新式教育。

1911年　12月，与聊城县乡绅丁理臣长女丁馥萃女士结婚。

1913年　夏，考入北京大学预科乙部。

1916年　夏，北京大学预科毕业，升入北京大学文科国学门。

1918年　夏，约集同学创立新潮社和《新潮》杂志，出任主编。

1919年　"五四"运动爆发，被推为学生游行总指挥，火烧赵家楼，痛打
　　　　卖国贼。冬，起程赴英国留学。

1920年　夏，在伦敦大学研究实验心理学。

1922年　祖父傅淦去世，享年78岁。

1923年　秋，转入柏林大学学习比较语言学、相对论、德国哲学、历史、
　　　　地质学、力学等课程。

1926年　冬，由德回国，接受广州中山大学朱家骅邀请，到中山大学
　　　　任教。

1927年　春，任广州中山大学教授兼文史科主任和国文、历史两系主任。
　　　　秋，创立中山大学语言历史研究所。

1928年　年底，历史语言研究所正式建立，被聘为所长。

1929年　春，迁史语所至北平，所址设在北海静心斋。3月，对殷墟进行

正式发掘。9月，着手抢救和整理明清大内档案。

1930年 史语所调查广东少数民族语言、河北方言。11月，史语所发掘山东龙山镇城子崖遗址。

1932年 为抵制日本人对东北的侵略，联合徐中舒、蒋廷黻等人编写《东北史纲》。5月，与胡适、丁文江、蒋廷黻等人创办《独立评论》，并发表一系列文章，鼓吹抗日。

1933年 春，迁史语所至上海。夏，兼任社会科学研究所所长及中央博物院筹备主任。

1934年 8月5日，与俞大彩女士在北平结婚。社会科学研究所改组，民族学组归并于历史语言研究所，改称第四组。

1936年 春，举家移居南京，并代中研院院长蔡元培处理院内事务。

1937年 兼代中央研究院总干事。8月，迁史语所至长沙。

1938年 3月和7月，两次致函蒋介石，反对孔祥熙出任行政院长。春，迁史语所至昆明。10月，自昆明城内迁往郊外龙泉镇。7月，兼任国民参政会参政员。

1939年 5月，北大文科研究所恢复，兼理所长一职。

1940年 秋，再次兼任中央研究院总干事。冬，迁史语所至四川南溪县李庄镇。12月，继任第二届参政员。《性命古训辨证》发表，被认为是其学术代表作之一。

1941年 10月，其母李太夫人在重庆辞世，享年75岁。

1942年 7月，继任参政员。

1943年 史语所调查关中、洛阳陵墓与石刻以及陕西考古遗址。

1945年 7月，与黄炎培等人代表参政会访问延安。8月，代理北大校长，负责北大迁校复原事宜。12月，赴昆明处理西南联大学潮。

1946年 1月，赴重庆参加政治协商会议。冬，迁史语所至南京。

1947年 2月，发表文章炮轰宋子文，迫其下台。6月，偕家人去美国治疗高血压，入波士顿白利军医院治疗。

1948年 当选为中央研究院院士、国民党立法委员。11月，国民党政府宣布其为台湾大学校长。冬，迁史语所于台湾杨梅镇。

1950年 12月20日，参加省议会时，突发脑溢血，抢救无效去世，终年 55 岁。

参考书目

1. 傅斯年档案（未刊）。

2. 王汎森、潘光哲、吴政上主编：《傅斯年遗札》（1~3 卷），社会科学文献出版社，2015 年。

3. 欧阳哲生主编：《傅斯年全集》（1~7 卷），湖南教育出版社，2003 年。

4. 岳玉玺、李泉、马亮宽编选：《傅斯年选集》，天津人民出版社，1996 年。

5. 傅斯年：《傅斯年全集》（1~7 册），（台湾）联经出版事业公司，1980 年。

6. 傅乐成：《傅孟真先生年谱》，（台湾）传记文学出版社，1979 年。

7. 《傅孟真先生传记资料》（1~3 册），（台湾）天一出版社，1979 年。

8. 岳南：《陈寅恪与傅斯年》，陕西师范大学出版社，2010 年。

9. 马亮宽：《傅斯年社会活动与政治思想研究》，中国社会科学出版社，2009 年。

10. 马亮宽：《傅斯年评传》，中国社会科学出版社，2014 年。

11. 欧阳哲生：《新文化的传统——"五四"人物与思想研究》，广东人民出版社，2004 年。

12. 李泉：《傅斯年学术思想评传》，北京图书馆出版社，2000 年。

13. 马亮宽：《傅斯年教育思想研究》，辽宁教育出版社，1997 年。

14. 岳玉玺、李泉、马亮宽：《傅斯年：大气磅礴的一代学人》，天津人民出版社，1994 年。

15. 胡逢祥、张文建：《中国近代史学思潮与流派》，华东师范大学出版社，1991 年。

16. 许冠三：《新史学九十年》，岳麓书社，2003 年。